DAN Shi

Mémoires d'un eunuque dans la Cité Interdite

Traduit du chinois par Nadine Perront

Éditions
Picquier Poche

Introduction

L'une des premières références aux eunuques apparaît dans un poème intitulé *Hangbo du Shijing* (période des Printemps et Automnes, 722-481 av. J.-C.), poème qui, selon Zheng Kangcheng, exégète de la dynastie des Han, aurait été écrit par l'eunuque Meng Zi, contemporain de la dynastie des Zhou.

A cette époque, seuls les proches serviteurs des épouses du souverain étaient castrés et des hommes entiers travaillaient aussi dans le palais. Jusqu'à la fin de la dynastie des Han occidentaux (206 av. J.-C.-8 apr. J.-C.), les castrés restèrent de simples domestiques, puis avec l'avènement des Han orientaux (25-220), ils commencèrent à être investis de fonctions officielles, à se mêler de politique et à devenir dangereux. Les lettrés, qui jusqu'alors gouvernaient seuls dans l'entourage des princes, accueillirent fort mal leur immixtion dans les affaires de l'Etat.

Ainsi, le lettré Zhu Mu s'insurgeait-il contre leur influence grandissante :

Jadis, les chefs des bureaux du palais étaient des intellectuels, mais, depuis la fondation de notre dynastie, cette tâche incombe aux eunuques. Leur statut n'a cessé de s'élever, ils ont été comblés des plus grands honneurs, décorés des plus hautes distinctions et, depuis la période Yanping (106-107), ils sont anoblis ou se voient attribuer des charges de fonctionnaires. Leur importance nouvelle les emplit d'arrogance.

Dans le souci de préserver la pureté de sa race et d'être le seul homme à vivre à l'intérieur du palais, l'empereur Guangwu (25-57) avait introduit le péril en sa demeure. A la dynastie précédente, les castrés ne représentaient que la moitié des serviteurs du palais ; à partir du règne de Guangwu, ils le devinrent tous. Guangwu fut le premier à les introduire dans son gouvernement et à les placer à la tête des bureaux du palais. En leur attribuant des fonctions qui étaient jusque-là exclusivement dévolues aux lettrés, il déclencha la guerre entre les uns et les autres ; les lettrés méprisaient ces êtres sans éducation, ambitieux, arrogants et intrigants, qui étaient devenus les intimes du souverain et exerçaient sur lui une influence fâcheuse ; les eunuques, ambitieux et jaloux de leur pouvoir, manœuvraient de leur côté, pour en écarter tous les lettrés qui ne leur étaient pas dévoués et installer leurs fidèles à leur place ; ils démontrèrent rapidement qu'ils étaient les plus forts.

Comme ils étaient chargés de surveiller les ministres et les fonctionnaires, il devint indispensable de leur plaire pour plaire à l'empereur. Pour entrer dans les grâces de ces intermédiaires redoutables qui se contentaient rarement de bonnes paroles, les lettrés durent, outre de grosses concessions, leur faire de gros cadeaux ; ainsi la richesse vint-elle aux eunuques avec le pouvoir.

En dépit des mises en garde, les successeurs de Guangwu confortèrent les eunuques dans leurs nouvelles prérogatives et, à la fin de la dynastie des Han orientaux, ils représentaient déjà une force incontournable qui allait mettre à mal la plupart des dynasties suivantes, car non contents de participer aux grandes décisions politiques et militaires, les grands castrats eurent souvent la prétention de régner à la place de leurs maîtres.

C'est sous les dynasties des Han orientaux, des Tang et des Ming que leur influence fut la plus grande et la plus désastreuse.

Sous le règne de Daizong (762-779) des Tang, le grand eunuque, Yu Chaoen, chargé des affaires militaires, fut l'instigateur des rébellions antigouvernementales. Sous le règne de Xizong (1620-1627), le chef du palais, Wei Zhongxian, était l'interlocuteur direct des ministres car, après quelques années de règne, l'empereur avait décidé de ne plus donner d'audiences et chargé son grand eunuque de recevoir tous les rapports de ses courtisans. Wei Zhongxian régnait à la place du souverain, décidant lui-même des promotions, dégradations, exécutions, sans qu'un seul membre du gouvernement osât le dénoncer, tant était grande la terreur qu'il inspirait.

Rarement les grands castrats furent plus puissants que sous les Ming dont ils contrôlaient toutes les instances gouvernementales. Chefs des services secrets, ils destituaient les ministres avec autant d'aisance qu'ils les faisaient mettre en place. Ils assistaient à tous les conseils et prenaient les décisions finales. Tous les rapports passaient par eux et eux seuls choisissaient de les transmettre ou non à l'empereur, et lorsqu'ils les transmettaient, ils émettaient leur avis sur les arrêts à prendre ; leur avis avait valeur de décision. Ils créaient les lois, émettaient de fausses ordonnances impériales, choisissaient les gendres, les concubines, et même les épouses des empereurs. Par deux fois, sous le règne de Daizong (1449-1457) et de Wuzong (1505-1521), ils tentèrent de destituer le dauphin pour le remplacer par le fils d'un prince qui était leur allié. Par deux fois ils échouèrent, néanmoins ces tentatives sont fort révélatrices de la démesure de leur pouvoir et de leurs ambitions. Ils contrôlaient les finances, géraient tous les impôts et toutes les taxes et, à ce titre, ils détournèrent plus de fonds que l'empire n'en eut jamais dans ses caisses. Ils ruinèrent totalement la dynastie.

Le fondateur des Qing, fort de l'expérience désastreuse de ses prédécesseurs, leur interdit, par décret officiel, de se mêler de politique, mais l'empereur Gaozong (1736-1795) les rétablit dans leurs fonctions. A nouveau investis des charges et des titres de noblesse dont ils avaient été dépossédés quelques décennies durant, ils formèrent des cabales qui influencèrent néfastement la politique des Mandchous, et participèrent activement à la corruption de la dynastie, jusqu'à sa chute.

Ainsi que le révèlent les mémoires de Yu Chunhe, ce fut Zhang Lande, le chef du palais de l'impératrice Longyu, l'instigateur des conflits qui opposèrent cette dernière au régent Zai Feng, le père du dernier empereur Pu Yi, et précipitèrent l'empire dans le chaos final. Pour la convaincre de signer une abdication en faveur de la république, il reçut trois millions de taëls d'argent de Yuan Shikai, le futur président, somme colossale à une époque où le salaire moyen d'un eunuque ne dépassait pas dix taëls par mois, mais qui n'était pas exceptionnelle pour un chef de palais auquel on offrait, ou qui détournait, régulièrement des valeurs similaires.

Les grands castrats richissimes se faisaient bâtir des résidences somptueuses dans leur région natale, y achetaient la plupart des terres et, par ces déploiements d'abondance, ils faisaient des envieux dans leur entourage.

Ainsi s'explique la concentration géographique des eunuques dans certains districts du Hebei et autour de Pékin, à la dynastie des Qing. Les autres, en quantité infime, étaient originaires du Shandong ou de Mongolie.

Les premiers grands castrats venant du Hebei avaient donné aux pauvres de leur région l'idée que, devenir eunuque, c'était devenir riche, idée qu'ils confortaient par des discours alléchants sur les avantages inestimables attachés à leur fonction. Racontant aux affamés des environs qu'il suffisait de se faire émasculer pous souffrir d'indigestion et vivre comme des princes, ils se firent les premiers rabatteurs du palais. Des hordes de pères venaient les supplier d'introduire leurs fils dans cette Cité paradisiaque ; tous n'y firent point fortune, loin s'en faut, mais pour un qui réussissait, c'étaient des milliers qui voulaient tenter leur chance.

Les eunuques de la dynastie des Qing

Les grands castrats puissants et fortunés ne représentaient qu'une poignée d'hommes. Sous le règne de Guangxu (1875-1909), sur les mille neuf cents eunuques de la Cité Interdite, seize seulement étaient fonctionnaires du deuxième grade et cinquante-deux du troisième grade. Les autres constituaient la masse des obscurs et des sans grade que la misère avait poussés aux portes du palais. Car tous, même les plus grands, étaient devenus eunuques pour échapper à la misère. Xiao Anzi, Li Lianying, Cui Yugui, Zhang Lande, ces personnages tout-puissants qui régnaient en maîtres absolus sur la Cité Interdite, à l'époque où Yu Chunhe y servait l'impératrice Xiaoding, avaient été des miséreux. Le chef du palais de l'empereur Xianfeng (1851-1862), Xiao Anzi, grand favori de l'impératrice Cixi, fut contraint par la famine à quitter sa région natale du Hebei, avec ses deux frères. Après des mois de vagabondage, ils arrivèrent en banlieue de Pékin, où ils vécurent de mendicité. Enfin, Xiao Anzi entra comme apprenti chez un cordonnier. Il n'y gagnait guère plus qu'à mendier, mais il espérait apprendre un métier ; seulement, le métier avait du mal à rentrer, et son patron songea à se séparer de lui. Acculé au désespoir, il se trancha le sexe avec une lame à découper les semelles, au risque d'y laisser sa vie, puis il alla déposer une demande au bureau chargé du recrutement des eunuques. Il devint l'un des plus puissants de la cour, entra en odeur de sainteté auprès de l'impératrice Cixi et ne garda de son passé que le sobriquet de *Cordonnier*.

D'autres allaient trouver eux-mêmes les castrateurs de la cour, tel Zhang Lande, le chef du palais de L'impératrice Longyu. Lui aussi était originaire du Hebei. Issu d'une famille de paysans pauvres, après la mort de son père, il tenta de gagner sa vie en ramassant du crottin sur les chemins, mais il fut bientôt réduit à la mendicité, jusqu'au jour où, meurtri par trop d'humiliations et de rebuffades, il préféra renoncer à sa virilité plutôt que de continuer cette vie de gueux.

D'autres étaient victimes de la rapacité de leurs parents, comme en témoigne Ma Deqing, l'un des derniers eunuques vivant encore dans les années soixante, dans le *Wanqing gongting shenghuo jianwen*. Fils de vendeur ambulant, originaire des environs de Tianjin, il avait un lointain cousin, Li Yuting, que son père avait fait castrer et entrer au service de la cour des Qing. Depuis que son fils était eunuque, le père Li avait vu sa vie s'améliorer d'année en année ; au bout de dix ans, il était devenu propriétaire de deux hectares de terre et de plusieurs mulets. De là à donner des idées au père Ma...

C'était en 1906 ; j'avais neuf ans. Un jour, mon père m'a appelé et, naturellement, je suis venu. Mais là, il m'a empoigné, il m'a plaqué sur le lit et m'a ligoté. J'étais effrayé, d'autant que, saisissant un couteau, il me dit qu'il allait me couper ce qui sert à faire des enfants. Je suis incapable d'exprimer les souffrances que j'ai pu endurer. Plusieurs fois, je me suis évanoui au cours de l'opération. Soixante ans plus tard, j'ai encore de la peine à en parler ; c'est le souvenir le plus atroce de toute mon existence. J'ai connu les mauvais traitements, mais ce jour-là, je donnerais tout pour l'effacer de ma mémoire, tellement il me fait encore mal. Vous imaginez bien qu'à l'époque il n'y avait ni anesthésiant ni analgésique et encore moins d'hygiène. J'ai cru mourir d'un arrêt cardiaque. Après avoir coupé mes parties génitales, il a enfoncé dans ma chair vive un tube de bambou pour évacuer mes urines, car si la plaie s'était refermée sans qu'il ait posé une sonde, mon sang aurait été empoisonné.

Je suis resté une centaine de jours allongé, avec entre les cuisses un cataplasme de cire, d'huile de sésame et de poivre qu'il fallait changer régulièrement. Chaque fois qu'il arrachait le cataplasme collé aux chairs, c'était une souffrance intolérable. Je devais rester sur le dos, sans bouger ; je faisais pipi sous moi. Il avait mis une couche de terre sous mes fesses, qu'il changeait tous les jours. Je ne comprenais pas comment mon propre père avait pu commettre cette ignominie. Du haut de mes neuf ans, je ne voyais pas de quelle méchanceté je m'étais rendu coupable pour mériter tant de cruauté. Ma mère en a beaucoup souffert, mais elle n'avait nul droit à la parole...

Au bout de cent jours, la plaie étant cicatrisée, mon père chercha un moyen de me faire entrer dans la Cité Interdite, et j'attendis chez ma sœur aînée qu'il prît les contacts nécessaires. Il ne dut point en trouver, car nous ne le revîmes jamais. Il avait détruit ma vie pour rien. Je vécus quelques années avec ma sœur et, quand j'eus treize ans, mon lointain cousin Li Yuting finit par me faire rentrer au palais. Je n'y restai guère de temps ; la république fut proclamée presque aussitôt.

Les castrateurs Bi le Cinquième et Liu-la-Fine-Lame

Les cas tels que celui de Xiao Anzi ou Ma Deqing étaient minoritaires ; la plupart des candidats à l'émasculation allaient trouver les castrateurs officiels. Non seulement leur professionnalisme garantissait la réussite quasi totale des opérations – la mortalité était inférieure à un pour cent –, mais, surtout, ils détenaient le monopole de la délivrance des certificats de castration, sans lesquels nul ne pouvait se présenter au palais impérial.

Dans les dernières décennies de la période Tongzhi (1862-1875) et jusqu'en 1900, les deux castrateurs officiels de la cour étaient Bi le Cinquième, installé dans la rue Nanchang – où fut opéré Yu Chunhe – et Liu-la-Fine-Lame, installé dans la rue Fangzhuang, à côté de la porte de la Paix Terrestre. Chacun était fonctionnaire du septième grade et tenu de fournir quarante nouvels eunuques à chaque saison, soit trois cent vingt jeunes garçons par an à eux deux.

Leurs premiers fournisseurs étaient les parents eux-mêmes, poussés par la faim à vendre leurs fils de sept, huit, dix ans, pour une poignée de monnaie tout juste bonne à les nourrir quelques mois.

Leur nombre ne suffisant pas à alimenter les besoins du palais, le manque était pallié par le trafic d'enfants. Un réseau d'aigrefins écumait Pékin et ses environs, enlevant les jeunes garçons ou les attirant chez les castrateurs sous couvert de leur fournir un emploi. Le réseau de ces trafiquants de vies était généralement chapeauté par des eunuques, et bénéficiait de l'aval et de la protection des fonctionnaires du palais. Liu et Bi achetaient les jeunes victimes pour quelques taëls.

Les criminels représentaient aussi une petite partie des effectifs, car on leur donnait parfois à choisir entre la peine capitale et la castration, et, même diminués, ils préféraient encore rester en vie. Tous, qu'ils fussent vendus par leurs parents, piégés par les trafiquants ou criminels, étaient de pauvres gens, que Bi et Liu sélectionnaient sur leur apparence physique et leur intelligence. Lorsqu'ils étaient intéressés par un candidat, ils le châtraient chez eux, avec des moyens très rudimentaires : ils chauffaient une lame pour la désinfecter et tranchaient. Selon les témoignages recueillis dans le *Wanqing gongting shenghuo jianwen,* tous les garçons n'étaient pas émasculés en état d'inconscience, tel que le fut Yu Chunhe. Malgré tout le professionnalisme des castrateurs, l'intervention était très douloureuse et fort coûteuse. Pour se présenter au palais, le jeune eunuque devait se procurer un uniforme : une robe, un gilet, un bonnet, une paire de bottes. Les castrateurs faisaient l'avance des frais d'habillement, payaient le droit d'inscription, nourrissaient les convalescents pendant quelques mois après leur opération mais, en échange, les enfants présentés par leurs parents signaient une reconnaissance de dette d'une centaine de taëls, avec autorisation de prélèvement direct sur leur salaire. Ceux qui ne prenaient point de galon, c'est-à-dire la plupart, mettaient des années à les rembourser, d'autant que des intérêts annuels venaient s'ajouter à la somme de départ. En moyenne, il fallait dix ans pour honorer la dette. Par ailleurs, il était de bon ton de partager avec les castrateurs les cadeaux reçus à l'occasion des fêtes, pour conserver leur estime ; chacun avait l'espoir qu'ils disent quelques paroles flatteuses sur son compte aux chefs des palais qui étaient leurs intimes.

Le cas des enfants enlevés par les trafiquants était encore plus odieux. Bi et Liu en devenaient les propriétaires exclusifs, et tout leur salaire, les primes, récompenses, cadeaux, leur étaient directement versés, jusqu'à la retraite. Dans cette perspective, ils préféraient acheter des enfants très jeunes plutôt que des adolescents, car un petit castrat de neuf ou dix ans devenait facilement le chouchou d'une impératrice ou d'une concubine et son salaire était augmenté d'autant. Certains enfants particulièrement charmants pouvaient, après quelques mois au palais, toucher un salaire équivalent à celui d'un petit chef de groupe, et les deux castrateurs, qui empochaient le tout, avaient vite compris l'avantage à tirer des jolis petits garçons.

Enfin, comme nous l'explique Yu Chunhe, ils gardaient précieusement les parties intimes de tous les castrés qui, quelques années plus tard, venaient les racheter afin de leur faire célébrer une cérémonie mortuaire et de s'assurer par là de renaître entiers. Liu et Bi étaient fort riches.

En 1900, lors de la révolte des Boxers et de la guerre contre les puissances étrangères, ils furent révoqués et personne ne prit leur place.

Grades et revenus

Selon le *Wanqing gongting shenghuo jianwen*, dans la période Shunzhi (1644-1662), les eunuques, tenus à l'écart des affaires du gouvernement par l'empereur Shizu, n'avaient pas accès aux grades de la fonction publique. Ce n'est qu'à la seizième année de la période

Kangxi (1662-1723) que six grands castrats furent nommés fonctionnaires par l'empereur Shengzu, quatre au cinquième grade et deux au sixième. C'est dire qu'ils étaient de petits fonctionnaires (la fonction publique comptait neuf grades). Avec la période Yongzheng (1723-1736), tous les chefs de résidence devinrent fonctionnaires et, selon l'importance de leurs responsabilités, ils pouvaient atteindre jusqu'au quatrième grade.

Sous le règne de l'empereur Dezong (1875-1908), ils eurent accès au troisième et au deuxième grade : ainsi Li Lianying, le grand chef du palais de l'impératrice Cixi, était-il fonctionnaire du deuxième grade. Il avait tant de pouvoirs et d'influence que les ministres le courtisaient autant que sa maîtresse pour tenter d'obtenir ses faveurs.

Les revenus mensuels des eunuques de la Cité Interdite étaient de trois natures : taëls d'argent, riz et sapèques. A la période Qianlong (1736-1796), un eunuque au quatrième grade touchait huit taëls, huit boisseaux de riz, mille trois cents sapèques. Au cinquième grade : sept taëls, sept boisseaux de riz, mille deux cents sapèques. Au sixième grade : six taëls, six boisseaux de riz, mille cent sapèques. Au septième grade : cinq taëls, cinq boisseaux de riz, mille sapèques. Au huitième grade : quatre taëls, quatre boisseaux de riz, sept cents sapèques. Un eunuque sans grade touchait de deux à trois taëls, de deux à trois boisseaux de riz et six cents sapèques.

Les eunuques attachés à des résidences princières en dehors de la Cité Interdite étaient eux aussi fonctionnaires, mais leurs grades et leurs revenus étaient nettement plus médiocres que ceux de la Cité Interdite. Par exemple, le chef des eunuques du prince Qing Yikuang ne touchait que quatre taëls par mois. Quant à ceux qui servaient les princes de plus modeste condition, ils étaient tout juste nourris et, comme leur maître ne leur fournissait point d'uniforme et qu'ils n'avaient pas les moyens de s'en acheter, ils étaient la plupart du temps mis comme des mendiants.

A l'intérieur de la Cité Interdite, en dehors de leur salaire fixe, les eunuques bénéficiaient de primes d'ancienneté, de récompenses pour services supplémentaires, et de primes spéciales offertes à l'occasion des grandes fêtes, des anniversaires des souverains, des mariages et des naissances ; ces primes consistaient généralement en sommes d'argent, mais aussi en rouleaux de soie, objets précieux, ou calligraphies, dans le cas d'événements importants tels que le mariage d'un empereur ou la naissance de son premier fils. Ces surplus rehaussaient nettement les salaires, d'autant qu'ils revenaient à époques régulières. Les grandes fêtes du calendrier étaient au nombre de trois : le Nouvel An, le *duanwu* au cinquième jour de la cinquième lune, et la fête du milieu de l'automne au quinzième jour de la huitième lune. A la période Xuantong (1909-1912), un chef de palais recevait à chacune de ces fêtes trois cents taëls d'argent et quatre rouleaux de soie de vingt mètres environ ; un simple eunuque recevait quarante taëls et un rouleau et demi de soie.

Pour les anniversaires des souverains (en règle générale l'empereur, son père, sa mère, son épouse, les veuves des précédents empereurs... ce qui faisait plusieurs anniversaires par an), un chef de palais recevait deux cents taëls d'argent et quatre rouleaux de soie ; un simple eunuque, vingt taëls d'argent et un rouleau et demi de soie.

Lors du mariage du dernier empereur, les chefs de palais du deuxième grade de la fonction publique reçurent deux cent cinquante taëls d'argent, et des cadeaux en or, jade, étoffes, fourrures pour une valeur de douze mille six cent cinquante taëls. Les simples eunuques reçurent vingt taëls d'argent et des cadeaux pour une valeur de mille quatre cent vingt taëls. (Cf. *Wanqing gongting shenghuo jianwen.*)

Les eunuques étant nourris en fonction de leur grade, une somme mensuelle leur était allouée pour leur nourriture. Selon Yu Chunhe, Li Lianying recevait cent taëls, maître Diba, l'un des chefs en second de l'impératrice Xiaoding, en avait moitié moins et, selon l'eunuque Liu Ruoyu dans le *Zhuozhong zhi,* le plat le plus prisé par les castrats était les testicules de bœuf, d'âne ou de cheval.

Une journée au service de l'empereur

Les eunuques étaient si nombreux au palais (sous les Ming, ils étaient plusieurs milliers au service de quelques personnes) que la plupart du temps, ils n'avaient rien à faire, comme en témoignent Wei Ziqing Dai Shouchen, Liu Zijie et Sun Shangxian, les derniers eunuques à avoir servi l'empereur Guangxu (cf. *Wanqing gongting shenghuo jianwen*).

Les eunuques du palais étaient séparés en plusieurs groupes, pour assurer à tour de rôle le service continu de l'empereur : à l'aube, nous faisions notre toilette, puis le chef de notre groupe nous conduisait au palais Yangxin où vivait l'empereur. Il s'agenouillait devant lui, annonçait notre arrivée et, pour lui, le travail de la journée était terminé. A notre tour : nous entrions saluer l'empereur et, tant qu'il ne nous donnait point d'ordre précis, nous restions debout, à attendre. Après qu'il avait pris son petit déjeuner, nous le suivions en rang jusqu'à sa salle de lecture et, là encore, on attendait debout à l'extérieur ou à l'intérieur qu'il eût fini de lire. Eventuellement, il réclamait du thé mais, la plupart du temps, nous n'avions strictement rien à faire. Nous quittions la salle de lecture vers onze heures, à l'heure du déjeuner. La cuisine impériale nous envoyait le repas de l'empereur dans des boîtes laquées. Nous disposions les trente ou quarante plats de son déjeuner sur deux grandes tables et, lorsqu'il disait : « Les couvercles ! » c'était le signal ; nous nous mettions en ligne, entre les dressoirs et la table de l'empereur et, un par un, nous nous passions les quarante bols, le dernier de la chaîne ayant pour tâche de soulever les couvercles. Il picorait çà et là dans quelques bols et nous restions debout tout le temps de son repas. Nos vêtements et nos mains devaient être impeccables pour toucher les bols contenant les aliments impériaux. Après le repas, un autre groupe venait prendre la relève, et nous rentrions dans nos quartiers. Nous ne travaillions qu'un jour sur deux, et une demi-journée chaque fois. Nous n'étions guère exténués.

Le groupe de l'après-midi accompagnait l'empereur en promenade. Lorsque nous en étions, notre travail consistait à le suivre en rang, et lorsqu'il voulait se reposer, à attendre devant sa porte. C'était notre seule activité, jusqu'au moment du dîner. Après le dîner, notre chef nous donnait l'ordre de verrouiller les portes et de veiller au feu. L'ordre était répété dans tout le palais, et tous les hommes devaient en sortir, ministres, courtisans, princes... Seul le médecin de service était autorisé à rester.

Un troisième groupe d'eunuques prenait alors le service de nuit. Certains devaient rester assis par terre dans la chambre de l'empereur, les autres étaient assis devant sa porte. Théoriquement, il était interdit de s'endormir, mais chacun faisait un petit somme. A moins d'une grande catastrophe, il ne se passait jamais rien pendant la nuit.

L'empereur ne mangeait jamais avec sa femme, et ne couchait pas davantage avec elle. Elle venait le saluer tous les jours à heure fixe, sur un mode fort protocolaire. De notre côté, après notre travail, nous allions voir l'impératrice ou telle concubine selon que l'empereur l'ordonnait, pour leur exprimer, toujours par les mêmes formules stéréotypées, que l'empereur avait bien déjeuné, bien dîné ou bien dormi. Elles ne semblaient jamais très intéressées. Leurs relations étaient purement conventionnelles, hypocrites, dénuées de sentiments véritables, et ce qui valait pour les époux valait aussi pour les parents et leurs enfants. Ils étaient des étrangers les uns pour les autres.

Tel était notre travail au service de l'empereur. Le reste du temps, nous servions les chefs du palais mais, là encore, nous n'avions pas grand-chose à faire. La vie était ennuyeuse. Quelquefois nous demandions l'autorisation de sortir de la Cité pour quelques heures mais, dans Pékin, il n'y avait guère d'endroit où nous pouvions nous amuser. Lorsque nous avions l'autorisation de sortir, nous devions montrer notre plaque d'identité à la porte. Ce fut longtemps une plaque de bois gravée puis, après l'avènement de la République, nous reçûmes une carte d'identité avec notre photo.

Si nos activités à la cour n'étaient guère fatigantes, elles n'en étaient pas aisées pour autant. Nous étions toujours attentifs à ne point déplaire à Sa Majesté. Pour prendre un exemple, le peigner et tresser sa natte était un travail des plus délicats. Il n'aimait point qu'on le peignât, aussi fallait-il faire vite, mais sans lui tirer les cheveux. Le coiffage devait lui être agréable. Il était un être précieux, différent du commun des mortels, et rien ne devait l'incommoder. Toute erreur était fatale, car, comme il s'ennuyait encore plus que nous dans cette Cité, c'était sur nous qu'il se défoulait. Il nous insultait ou nous battait sans raison. Nous étions ses esclaves – il avait droit de vie et de mort sur nous. Un eunuque mort, ce n'était qu'un cadavre à jeter hors du palais.

La vie privée des eunuques

Privés d'organes sexuels, les eunuques n'étaient point privés de désirs pour autant. De tout temps, ils eurent des femmes, qu'ils fussent officiellement mariés ou qu'ils entretinssent des relations avec les dames d'honneur du palais. Lorsqu'ils sortaient de la Cité Interdite, c'était en général pour aller au bordel ; c'est peut-être à cela que faisaient allusion les quatre derniers eunuques de l'empereur Guangxu, en disant qu'à Pékin il n'était guère d'endroits où ils pouvaient s'amuser. Certains lupanars de la capitale leur étaient réservés.

Quelques empereurs tentèrent de les contraindre à la chasteté, tel Taizu, le premier des Ming qui fit publier un décret leur interdisant de se marier et d'avoir des relations amoureuses, sous peine d'être écorchés vifs. En dépit de ces mesures draconiennes, il y eut pourtant des débordements. Les eunuques privés de femmes devenaient des violeurs ; ils utilisaient des phallus artificiels. Parfois, les femmes qu'ils violentaient en mouraient, car ils leur enfonçaient les godemichés si profondément qu'elles ne pouvaient plus se les sortir du ventre (cf. *Wanli yehuopian*, volume VI).

A la dynastie des Qing, les grands castrats avaient tous plusieurs épouses qu'ils entretenaient dans leurs résidences personnelles, hors de la Cité Interdite. C'étaient, pour la majorité, des jeunes filles pauvres ou des prostituées mais, parfois, l'empereur lui-même leur offrait des femmes parmi les demoiselles d'honneur du palais.

Les simples eunuques n'étaient pas en reste ; ils choisissaient leurs amantes parmi les servantes, et ceux qui étaient déjà en couple jouaient les entremetteurs auprès de leurs collègues célibataires auxquels ils présentaient les amies de leur femme. La chose était si répandue que celles qui n'avaient point *d'homme* étaient taquinées par les autres.

Aux grands castrats, tel Li Lianying le favori de l'impératrice Cixi, qui étaient la cible de tous les commérages, on prêtait souvent des liaisons amoureuses avec leur propre maîtresse, mais en la matière, rien n'a jamais été prouvé.

La retraite

Des cas tels que celui de Zhang Lande, le chef du palais de l'impératrice Longyu, qui, comme le raconte Yu Chunhe, a fini sa vie dans l'une de ces résidences privées de Tianjin, entouré de sa mère, de ses épouses et de son fils adoptif, étaient assez rares. La plupart se retiraient dans des temples, même les plus fortunés comme Li Lianying, Cui Yugui ou Liu Chengying, les trois chefs du palais de l'impératrice Cixi. Li Lianying finit sa vie dans le temple d'Enqi dans la banlieue ouest de Pékin où il est enterré, les deux autres dans le temple Baozang du mont Jin.

Seuls vingt-six temples, à Pékin et dans les environs, recevaient les eunuques à la retraite. En 1966, dans seize de ces temples, 3336 tombes d'eunuques de la dynastie des Qing avaient été répertoriées (cf. *Wanqing gongting shenghuo jianwen*).

Ils n'étaient pas plus religieux que le commun des mortels, mais ils étaient la honte de leur famille qui refusait de les accueillir et leur interdisait de se faire inhumer aux côtés de leurs ancêtres. Le seul lieu d'accueil qui leur restait étant le monastère, ils en choisissaient un bien avant leur retraite, auquel ils envoyaient des dons réguliers ; les plus riches faisaient l'acquisition de terres qu'ils offraient aux moines, ou faisaient restaurer les bâtiments pour se ménager les bonnes grâces des supérieurs. Dans ses mémoires, Yu Chunhe évoque un vieil eunuque qui craint de devoir servir de domestique aux religieux, car il n'a pas d'argent à leur offrir.

Selon les témoignages recueillis dans le *Wanqing gongting shenghuo jianwen*, il semblerait qu'une telle occurrence fût plutôt rare ; tous, jusqu'aux plus humbles, préparaient leur retraite par des donations au temple de leur choix.

Les mieux lotis disposaient des loyers des terres qu'ils avaient acquises, les autres partageaient le quotidien des moines, recevaient des initiations, prononçaient leurs vœux et étaient particulièrement demandés pour officier auprès des femmes de riches propriétaires qui, à un moine entier, préféraient encore un châtré, deux assurances valant mieux qu'une.

Les grands castrats tels que Li Lianying ou Cui Yugui vécurent dans les temples comme ils avaient vécu dans la Cité Interdite, en maîtres absolus.

A l'extérieur de la Cité Interdite et des temples, ils étaient craints autant que méprisés, à la fois objets de défiance et de rejet. A ces hommes dépourvus des attributs de leur virilité, le peuple prêtait toutes les tares de la féminité ; on les disait bizarres, capricieux, versatiles, jaloux, mesquins, sournois, méchants, cruels et intrigants. On leur donnait du *Seigneur* par-devant eux mais, dans leur dos, on les appelait les *châtrés*. Outre qu'elle concernait leurs parties intimes, leur infirmité suscitait le mépris ; on n'y voyait qu'une mutilation consentie à des fins de pouvoir, l'ablation de leurs organes génitaux était le symbole de leurs roueries, de leurs complots, de leurs trahisons, de leurs luttes fratricides, de leurs cruautés et de leur influence néfaste sur le destin du pays. On ignorait tout – ou presque – des drames qui les avaient conduits aux portes du palais. Un ouvrage, le *Taowu Xianping*, fut consacré à Wei Zhongxian, chef des eunuques de L'empereur Xizong (1620-1627) à la dynastie des Ming, mais il est outrageusement romancé et peu soucieux de vérité historique. Le *Wanli yehuopian* de Shen Defu de la dynastie des Ming, recueil d'anecdotes sur la période Wanli (1573-1620), regorge d'histoires édifiantes sur les eunuques, particulièrement puissants à cette époque.

A la dynastie des Ming toujours, l'eunuque Liu Ruoyu prétendit décrire dans le *Zhuozhong zhi* la vie quotidienne dans la Cité Interdite, mais son livre terriblement fastidieux est plus un catalogue des lieux, des règles et protocoles qu'une approche véritable des hommes.

Un autre document, beaucoup plus intéressant, est le *Wanqing gongting shenghuo jianwen*, recueil de témoignages oraux des derniers eunuques encore vivants dans les années soixante. Chacun y relate, qui sa castration, qui sa journée au service de l'empereur, qui des anecdotes sur les chefs de palais, sur l'impératrice Cixi... Malheureusement, dans ce bon ouvrage de référence, pas un seul des témoins ne raconte son histoire personnelle du début à la fin, mais seulement des bribes, qui tiennent en de courts articles.

Les *Mémoires d'un eunuque dans la Cité Interdite* comblent ce vide. Yu Chunhe, eunuque au palais de l'impératrice Xiaoding, l'épouse de l'empereur Guangxu (1875-1909) de la dynastie des Qing, nous livre un témoignage unique sur le quotidien des castrats, grands ou petits, et sur celui de leurs maîtres. Entré dans la Cité Interdite en 1898, à l'âge de dix-sept ans, il y passa dix-huit années terribles, marquées par la guerre contre les étrangers, l'exil de la cour à Xian, la signature du traité de paix, la révolution, l'avènement de la république et la chute de l'empire. Ses mémoires, riches en intrigues et portraits acerbes des familiers de la cour, nous en apprennent plus qu'un livre d'Histoire officielle.

Description édifiante des mœurs d'une époque, de sa décadence et de sa corruption, jusqu'à la chute finale, les *Mémoires d'un eunuque dans la Cité Interdite* sont surtout le récit émouvant du destin tragique d'un adolescent vendu aux trafiquants d'enfants de Pékin qui fournissaient le palais impérial en eunuques. Yu Chunhe révèle ce qui a souvent été occulté sur ces innocents châtrés de force pour être ensuite emprisonnés entre les murs de la Cité Interdite, où ils étaient traités en esclaves, insultés, battus, tués et jetés aux vautours, selon le caprice de leurs maîtres. Pour une poignée de favoris dont les pouvoirs étaient immenses et le train de vie presque aussi luxueux que celui de l'empereur, ils étaient des milliers d'humbles et d'obscurs dont les vies avaient été sacrifiées.

Le récit de l'une de ces vies meurtries fut enregistré par Dan Shi, historien spécialiste de la dynastie des Qing, qui décida de le publier en 1989, sous la forme d'un roman. Or, plus que le roman, c'est le témoignage qui nous intéresse véritablement ; c'est pourquoi la traductrice a volontairement écourté les passages un peu trop empreints de sentimentalité excessive, souvent maladroitement exprimée, résumant en quelques phrases certaines pages de pleurs et de gémissements parasitaires qui n'étaient visiblement que des débordements pseudo-littéraires de Dan Shi. *Mémoires d'un eunuque dans la Cité Interdite* est un document historique avant d'être un roman.

Nadine PERRONT

Références citées

Taowu xianping, d'un auteur anonyme supposé contemporain de la fin des Ming, rééd. Renmin wenxue chubanshi, Pékin, 1983. Vie romancée de Wei Zhongxian, chef des eunuques de l'empereur Xizong (1620-1627).

Zhuozhong zhi, de Luo Ruoyu, eunuque de la dynastie des Ming, Shangwu yingshuguan, 1935. Ouvrage axé sur les règles et protocoles dans la Cité Interdite.

Wanli yehuopian, de Shen Defu de la dynastie des Ming, Fuli Shanfang, 7e année de la période Daoguang. Riche en anecdotes sur les eunuques de la période Wanli (1573-1620).

Mingchao huanguan, de Du Wanyan et Wang Chunyu, Waiwen chubanshi, Pékin, 1989. Etude axée sur le pouvoir politique des eunuques de la dynastie des Ming. Contient quelques biographies de grands castrats.

Mingdai tewu zhengzhi, de Ding Yi, Qunzhong chubanshi, Pékin, 1983. Etude sur les Services secrets de la dynastie des Ming, dont tous les membres étaient des eunuques.

Wanqing gongting shenghuo jianwen, Wenshi ziliao chubanshi, Pékin, 1982. Recueil de témoignages oraux des derniers eunuques de la dynastie des Qing encore vivants dans les années soixante.

MÉMOIRES
D'UN
EUNUQUE

Cixi régente l'empire de 1862 à 1908

Empereur Xianfeng (1831-1861)
règne de 1851 à 1861

Impératrice Cian (1837-1891)
régente en 1861

Favorite Cixi (1837-1908)
régente de 1862 à 1908

- en 1862, place son fils l'empereur Tongzhi (1856-1875) sur le trône (fils aîné de l'empereur Xianfeng), mort sans enfant, car son épouse enceinte fut poussée au suicide par Cixi qui craignait pour son pouvoir.

- en 1875, place l'empereur Guangxu (1871-1908) sur le trône, fils de sa sœur Yehe Nana et de Yi Huan, le frère de l'empereur Xianfeng. Guangxu meurt sans enfant.

- en 1908, avant sa mort, désigne Xuantong (1906-1967) (Pu Yi) pour dauphin ; son père Zai Feng, frère de l'empereur Guangxu, régente à partir de 1909, après la mort de Cixi, et jusqu'à la prochaine proclamation de la république en 1912.

Chapitre 1

La tragédie

C'était en 1896, je venais d'avoir quinze ans... En ce temps-là, l'empereur Guangxu régnait sur la Chine, mais sur la région de Dongping, à l'est du Hebei, c'était Dabai qui gouvernait. Dabai le tyran, dont la violence et la sauvagerie avaient vu les dynasties succéder aux dynasties, sans qu'il se fût trouvé quiconque en haut lieu, pour se troubler de ses excès ; ainsi, avait-il pu, des siècles durant, poursuivre à sa guise son œuvre malfaisante, creusant et défonçant le sol comme un mauvais labour, réduisant des centaines de villages à la merci de ses eaux verdâtres et sablonneuses. Echappé aux travaux hydrauliques qui l'auraient pu soumettre, c'était lui qui soumettait toute la région aux furieux caprices de ses débordements. Des terres toujours inondées, les paysans tiraient des récoltes faméliques, et pas une année ne s'écoulait qu'un village au moins ne fût entièrement ruiné ou englouti par ces crues à la saison des pluies.

Fief du prince Zhuang, le petit bourg de Dongzhao vivait ainsi sous le joug du grand fleuve. Qing Fu, un ancien fermier de la maison princière, y avait été nommé administrateur des cent familles. Cent familles, mais une seule et même misère. Les patronymes changeaient d'une maison à l'autre, la misère, elle, était uniforme. Dongzhao lui-même aurait pu être le village évoqué dans le *Rêve au Pavillon rouge*, la différence, là encore, n'était qu'une question de nom. La réalité était si semblable : seigneurie où tout appartenait au seigneur, les terres, les maisons, les bêtes et les hommes, ces ombres dépossédées de tout, y compris de leur propre existence, dont l'infortune tenait en un mot : servage. Comble de l'ironie, ceux-là étaient si totalement démunis qu'il leur manquait jusqu'au chanvre dont ils auraient voulu tresser la corde pour se pendre.

Telle était la terre où je naquis ; celle où mon père, mon grand-père et mes aïeux étaient nés avant moi, cultivant le même lopin, depuis le temps où un lointain ancêtre était venu s'y fixer. De cette terre, Yu Deshui, mon père, semblait avoir été tiré ; il en était pétri, elle lui coulait dans les veines. Elle était toute sa vie. Il était né paysan avant que de naître homme. Simple, travailleur et honnête autant que ma mère était douce et âpre à la besogne.

De ces vertus conjuguées, j'avais, pour ma part, hérité d'une bonne nature. Alliant l'humilité et la serviabilité de l'un à la douceur et l'endurance de l'autre, je parlais peu et ne répondais jamais aux offenses qu'on me faisait. Je m'accommodais naturellement de la mauvaise fortune liée à notre condition, me contentant de ce que j'avais, sans jamais songer à obtenir davantage. Eté comme hiver, je portais la même vieille veste archiusée, si rapetassée que c'était à peine si l'on remarquait encore, entre les pièces, quelques lambeaux de toile grise qui en rappelaient la couleur d'origine. L'idée d'en posséder une meilleure ne m'avait cependant jamais effleuré l'esprit. Depuis que j'avais lâché le sein de ma mère, je m'étais inlassablement nourri d'une galette de maïs et d'une poignée de légumes marinés et, à chaque fois, je me réjouissais de n'avoir pas à aller aux champs le ventre vide. Né pour travailler, je travaillais depuis que j'étais capable de marcher ; je n'attendais rien de plus de la vie. Une bonne nature, en vérité.

Mon frère aîné, Yu Chunxing, avait choisi de faire le rémouleur pour rapporter un peu d'argent à la maison. Il passait ses journées à sillonner les routes, la meule sur l'épaule, la crécelle à la main, signalant son passage dans les rues des villages à grands coups de moulinet. Le peu qu'il gagnait aidait la famille. Il quitta Dongzhao l'année où la mère mourut, pour aller s'installer au Shandong, et il n'en revint jamais.

C'était en été 1896, je venais d'avoir quinze ans ; vingt jours durant, des pluies diluviennes avaient enflé les eaux du fleuve jusqu'à le faire sortir de son lit. Par centaines, villages et hameaux avaient été engloutis, les terres de Dongzhao étaient noyées, les récoltes perdues. Comme beaucoup, mon père avait gagné l'autre rive pour y chercher du travail. Il était revenu au bout de deux semaines, les mains vides, abattu, brisé. Jamais il ne m'avait paru si vieux et si vaincu. Il s'était arrêté sur le seuil, comme s'il avait eu honte de rentrer. Il était trempé jusqu'aux os. Il tremblait très fort. Il était resté ainsi de longues minutes, sans rien dire, les yeux rivés au grabat où ma mère se mourait depuis des semaines d'une mauvaise maladie. De ses doigts noueux, il avait essuyé son visage ruisselant, puis il s'était avancé lentement pour se laisser tomber sur le bord du lit. Il avait entrouvert la bouche, mais aucun mot n'avait pu en sortir ; alors, comme s'il avait voulu par ce geste faire jaillir toute la douleur et le désespoir qui l'étouffaient, il s'était martelé la poitrine de ses deux poings serrés, et il avait éclaté en sanglots, se maudissant lui-même d'être incapable de faire vivre sa famille et conjurant le ciel, entre deux hoquets, d'avoir pitié de lui. Mon père n'était plus qu'un petit homme meurtri pleurant d'un coup toute une vie de misère et d'impuissance, à gros bouillons de morve et de larmes qu'il n'avait pas la force d'essuyer. Dehors, la pluie tombait.

Je m'étais jeté à ses pieds en le suppliant de ne plus pleurer et, pour tenter de le consoler, je l'avais assuré que nous allions nous en sortir, que nous avions encore de quoi manger, que rien n'était dramatique, mais lorsqu'il avait relevé la tête, j'avais vu mes mots se perdre dans son regard noyé et je m'étais tu. En silence, il m'avait serré contre lui, à m'en faire mal. J'avais senti ses muscles noués, sa poitrine suffocante, son corps raidi par le tourment sous les habits mouillés qui collaient à sa peau et, saisi par son chagrin, je m'étais mis à pleurer à mon tour jusqu'au moment où, enfin calmé, il m'avait repoussé pour s'essuyer la figure d'un revers de manche. Je l'avais imité, après avoir reniflé encore quelques coups et, enfin, il avait parlé, mais d'une voix si brisée que je ne l'avais pas reconnue.

— Ne pleure plus, mon garçon. Je ne mérite pas tes larmes, ni celles de ta mère. Je suis indigne de vous.

J'avais blotti mon visage contre son épaule.

— Papa, tu n'es pas responsable de notre mauvais destin. Nous ne pouvons rien y faire.

Il avait répété ces mots, en hochant la tête mécaniquement.

— Le destin, oui... le destin... c'est le destin... le destin...

J'avais contemplé avec une peine mêlée d'inquiétude son visage livide et émacié. Il semblait que la vie avait déjà déserté son corps fatigué, et que celui que j'avais devant les yeux n'était plus que le spectre de mon père. Il s'était tu, la tête entre les mains, et je n'avais pas osé déranger le silence qui s'était abattu sur la chambre, alourdi par le fracas des rafales de pluie qui tambourinaient contre les murs et secouaient violemment la porte.

L'eau avait recouvert la terre comme un linceul ; la mort rôdait. Dans le ciel, tels de longs serpents d'argent, les éclairs crachaient leur foudroyant venin. Le tonnerre grondait, suspendu entre ciel et terre. Le monde était englouti dans une mer déchaînée et notre chaumière avait échoué au milieu de la tempête.

Un long hurlement avait rompu notre recueillement. Ma mère s'était mise à s'agiter. Ses doigts, plus maigres et desséchés que des brindilles de bois mort, se crispaient douloureusement sur la couverture. Sur son visage exsangue, ses yeux enfoncés faisaient deux trous noirs. Ses joues étaient si creuses, son nez si pincé, que la mince pellicule ridée de sa peau ne parvenait plus à dissimuler les os de son squelette. Elle avait déjà sa figure de défunte.

Mon père lui avait pris la main en lui demandant où elle souffrait, mais elle n'avait pas eu l'air de l'entendre et avait continué à gémir et à se plaindre

— J'ai mal... j'ai si mal...

Le cœur déchiré par ses cris, je m'étais jeté contre elle et j'avais éclaté en larmes.

— Dis-moi où tu as mal. Maman, je t'en prie, dis-le moi.

Alors, elle avait cessé de crier pour pleurer en silence, et j'avais supplié mon père d'aller chercher le médecin, mais il avait continué à la fixer sans la voir, sans me répondre. Elle l'avait fait pour lui, d'une voix qui n'était déjà plus qu'un souffle :

— Ce n'est pas la peine, c'est la fin. Je vais mourir...

Elle avait voulu se soulever un peu sur sa couche, mais elle était retombée dans un râle. Puis ce silence... J'avais enlacé son corps, sans réaliser tout de suite, et lorsque j'avais compris, je m'étais mis à hurler. Mon père, agenouillé, sanglotait, la tête enfouie dans la main sans vie qui pendait en dehors du lit. Enfin, il s'était levé d'un coup et, au mépris de la tempête, il était sorti en courant. J'avais bondi derrière lui pour le ramener, mais il avait continué sur sa lancée, sans se retourner. J'avais fini par comprendre qu'il était allé emprunter de l'argent pour acheter un cercueil et l'enterrer.

Dans une malle, j'avais trouvé une vieille veste de coton et un vieux pantalon qu'elle avait soigneusement préparés en prévision de sa fin prochaine, je lui avais lavé le visage, puis je l'avais habillée et enroulée dans une couverture. Deux heures plus tard, mon père était rentré avec un chariot tiré par un âne, sur lequel était posé un cercueil en bois de saule.

Des années durant, je resongeai à cette journée qui avait marqué le début de tant de drames, longtemps obsédé par cette idée que nous aurions pu les éviter, puis, le temps aidant, je me résignai à considérer que nul ne pouvait agir contre son destin. Ainsi, je vécus le mien, semé d'épreuves et de douleurs, tel que je vais maintenant tenter de le conter.

Chapitre 2

Mon entrée chez le fermier général Qing Fu

Ma mère était morte depuis quelques semaines, nous étions sans nouvelles de mon frère. Un jour que mon père et moi rentrions des champs, à l'heure du déjeuner, nous trouvâmes Yang Xingwang à notre porte. Sa présence nous surprit autant qu'elle nous inquiéta ; Yang était l'intendant de Qing Fu, le fermier général.

— Bonjour, oncle Yang, lui dis-je. Est-ce nous que vous attendez ?

— Maître Qing m'envoie chercher Yu Chunhe, dit-il à mon père. Il voudrait discuter avec lui.

— C'est pour l'argent qu'on lui doit ? demanda mon père soucieux.

— Pourquoi penser à mal tout de suite ? dit Yang en riant. Ça n'a rien à voir avec ce que tu lui dois.

— C'est quoi, alors ?

— Je crois savoir qu'il voudrait que ton fils vienne travailler chez lui.

Nous ne comprenions pas. La main-d'œuvre de la ferme était au complet et Qing Fu n'était pas homme à employer en surnombre. Pourquoi aurait-il voulu me prendre à son service ?

— Oncle Yang, dis-je, n'êtes-vous pas assez nombreux ?

— Plus maintenant. Zhang Changyou s'est fait renvoyer.

La nouvelle me stupéfia. Zhang était mon ami.

— Qu'est-il arrivé ?

— Une histoire stupide. Ce gars-là n'a jamais eu de chance, mais tout a été de mal en pis depuis son mariage. Sa femme est tombée malade juste après la naissance de leur dernier. Elle n'avait pas de lait pour le nourrir ; comment en aurait-elle eu ? Ils n'avaient eux-mêmes plus rien à manger. Le petit affamé passait ses journées à hurler. Zhang aurait dû parler de ses difficultés au maître ; il ne lui aurait pas refusé son aide. Au lieu de ça, cette tête de mule a fauché un sac de sorgho dans la réserve et il l'a emporté chez lui, sans prévenir. Lorsqu'il est revenu au bout de quelques jours, le maître lui a demandé des comptes, et il l'a pris de haut. C'était bien la dernière chose à faire. Résultat, le voilà sans travail.

L'idée qu'on m'offrait de prendre la place de mon ami me mettait mal à l'aise. J'aurais eu en acceptant l'impression de profiter de son malheur, de lui voler sa pitance, quand il était acculé à la misère. Nous avions grandi ensemble, nous avions connu les mêmes épreuves, partagé la même pauvreté ; il me semblait indigne de tirer parti de son infortune.

— Yu Chunhe, reprit Yang qui voyait mon embarras, il y a longtemps que le maître envisage de t'engager, mais il en attendait l'occasion. Ce n'est pas par hasard qu'il pense à toi aujourd'hui. Il s'est renseigné sur ton compte, et il n'a entendu dire que du bien de toi. Ne viens pas tout compliquer par des idées qui n'en valent pas la peine.

— Zhang Changyou est mon ami, dis-je. Je ne peux pas profiter de son malheur. Que deviendra-t-il, si je prends sa place ?

— Ne t'en fais pas pour cela ; tu ne l'as pas chassé, il s'est fait renvoyer. De mon côté, je vais voir ce que je peux faire pour l'aider. Tu n'as pas à te sentir coupable pour lui.

— Oncle Yang a raison, intervint mon père. Les affaires de Zhang Changyou ne te concernent pas. Maître Qing s'est montré bon pour notre famille, et il nous fait encore honneur, à vouloir te prendre à son service. C'est la preuve qu'il te fait confiance. Mets-toi en route tout de suite, tu ne peux pas refuser.

— Partez avant moi, oncle Yang, dis-je enfin. Je dois rassembler quelques affaires. Je vous rejoindrai un peu plus tard.

Yang Xingwang parti, j'avalai mon repas, puis j'allai puiser de l'eau et je remplis tous les récipients de la maison pour faire un peu d'avance à mon père. Enfin, je roulai quelques affaires dans ma vieille couverture et, après avoir pris congé de lui, je mis mon balluchon sur l'épaule et je partis vers Yangxin en longeant le fleuve.

C'était dans ce petit bourg qui ne comptait pas plus d'une trentaine de familles que vivait Qing Fu ; là aussi que se tenaient les foires et les marchés de la région. Dès l'aube, la rue principale s'animait d'une foule bruyante et odorante de marchands de soupe et de nouilles, de vendeurs de fruits, de légumes ou de poulets, venus des villages voisins, portant de lourdes palanches sur le dos ou charriant des voitures à bras. Yangxin était le centre nerveux de la région, un lieu de passage, de rencontre et d'échange et, naturellement, c'était là que se retrouvaient les ouvriers agricoles à la recherche d'un emploi, attendant accroupis par groupes de trois ou quatre sur le bord de la route qu'un propriétaire vînt les embaucher.

Au premier carrefour du village, je vis venir en face de moi un grand hère décharné qui avançait à longues enjambées, avec des allures d'échassier, perché sur ses jambes qui n'en finissaient plus d'être maigres. Il portait, jetée sur l'épaule, une vieille veste de coton déchirée. Je le pris d'abord pour l'un de ces sans travail qui hantaient les lieux les jours de foire, mais lorsqu'il arriva à ma hauteur, je le reconnus pour mon ami Zhang Changyou. Une sensation de malaise me saisit. Il était bien la dernière personne que j'espérais rencontrer. Je pris un air dégagé pour le saluer, mais il détourna la tête et passa à côté de moi sans me jeter un regard.

— Zhang, attends, lui criai-je. Je voudrais te dire quelque chose.

— Je n'ai rien à te dire, lança-t-il d'une voix chargée de colère.

— Zhang, écoute-moi, je n'ai rien fait contre toi. Je ne sais pas ce que tu me reproches.

Alors, d'où venait mon trouble et que, face à lui, je me sente si coupable ? Je fus pris, brusquement, d'une violente envie de pleurer. Il se retourna d'un coup.

— Ne joue pas les imbéciles, Yu Chunhe. Tu es aussi fourbe qu'un chat qui pleure sur le rat qu'il vient de tuer. Tu m'as déjà pris mon travail, que veux-tu de plus ?

J'aurais voulu pouvoir lui dire qu'il se trompait, que je ne l'avais point chassé et que c'était la mort dans l'âme que j'allais prendre sa place. Mais comment lui expliquer que mon père s'était endetté auprès du fermier et que nous n'avions pas les moyens de refuser sa proposition ? Accablé par son propre malheur, il n'était plus capable d'entendre mes justifications. Aussi le regardai-je s'éloigner sans rien trouver à lui répondre. Il continua sa route, le dos voûté, et je repris la mienne, le cœur brisé.

J'arrivai, le cœur encore gros, devant la demeure du fermier général, une résidence cossue, tout en briques polies. De chaque côté des lourds vantaux de la grande porte laquée de rouge, les stances dorées de deux bandeaux symétriques donnaient le ton affiché par le maître de céans :

La Loyauté en apanage
L'Erudition en héritage.

Je soulevai le marteau de fer et frappai quelques coups sonores contre la porte. Un homme vint m'ouvrir. Je lui expliquai ce qui m'amenait, et il me fit entrer. Nous traversâmes une première cour entièrement dallée, abritant trois bâtiments à toits de tuiles grises, un principal et deux latéraux aux portes et aux fenêtres pareillement peintes en rouge. Au milieu de la cour, des poissons s'égaillaient dans un large bassin en porcelaine bleue. Nous passâmes à l'arrière du bâtiment central où, masquée par un mur-écran orné du mot *Bonheur*, une porte ronde ouvrait sur une deuxième cour, celle des ouvriers agricoles. L'écran était censé protéger les femmes de la maison de leurs regards indiscrets. De ce côté, la terre battue avait remplacé les dalles, mais tout en étant plus modestes, les lieux n'en reflétaient pas moins une certaine aisance. De chaque côté du carré de battage du grain, les cabanons de bois des valets de ferme semblaient en bon état, le jardin potager était bien entretenu ; au fond, il y avait un puits et, enfin, un large portail permettant le passage des chariots.

L'homme me conduisit chez Yang Xingwang, qui logeait dans une baraque minuscule et sombre. Une âcre odeur de moisi, d'humidité et de saleté me saisit à la gorge dès le seuil de la porte. Assis sur sa paillasse, Yang me cria d'entrer. Pour me faire une petite place à côté de lui, il roula au pied du lit sa vieille couverture graisseuse, et jeta dans un coin les chaussettes sales qui traînaient sur la natte noire de crasse. Je préférai m'asseoir sur un tabouret à côté, mais il avait les pieds si branlants que je fus finalement obligé de me poser sur le bord de la paillasse. Yang Zingwang enfila ses chaussures, puis il alla décrocher une veste de coton bleu qui pendait à un clou.

— Allez, viens, je t'emmène voir le maître.

Nous repassâmes dans la cour principale et gravîmes le perron de la bâtisse centrale. Des pots de jasmin, d'azalées, de camélias et de calycanthes fleurissaient le côté de chaque marche. Par une fenêtre, j'aperçus Qing Fu assis à son bureau ; plongé dans la lecture d'un ouvrage ancien, il avait le nez chaussé de bésicles à monture noire. De la main gauche, il lissait sa barbiche neigeuse ; j'imaginai qu'il devait lire les *Entretiens* de Confucius. Plusieurs autres volumes à couverture de soie jaune et à coins de cuir étaient empilés sur sa table, à portée de main. Sur une étagère murale, les trois statues des dieux de la richesse, du bonheur et de la longévité, protégées de la poussière sous des boîtiers de verre, trônaient entre un grand vase de porcelaine blanche à fleurs bleues et une collection de vieux livres élégamment reliés. Un encensoir tripode crachait de fines volutes de fumée cotonneuse.

Yang Xingwang passa le cou dans l'entrebâillement de la porte et dit d'une voix feutrée :

— Maître, Yu Chunhe est ici.

Qing Fu releva la tête et il ôta ses lunettes pour les poser sur son bureau.

— Fais-le entrer.

Yang ouvrit la porte et me poussa dans l'embrasure. Je restai sur le seuil et, ployant un genou à terre, je murmurai :

— Seigneur.

— Bon, bon, ça va, relève-toi, me dit Qing Fu.

Je me remis debout, mais je gardai le corps incliné et la tête baissée.

— Ainsi, Yang Xingwang est allé te chercher.

— Oui, seigneur.

— Il t'a sûrement dit pourquoi je voulais te voir.

Je ne répondis point.

— Il y a longtemps que j'entends vanter tes qualités. On te dit travailleur, honnête et docile. J'ai souvent songé à t'engager, seulement, l'occasion ne s'est jamais présentée jusqu'à aujourd'hui. J'ai dû me séparer de l'un de mes ouvriers ; je t'offre sa place. Tu vas faire un mois d'essai. Si le travail te convient, tu le garderas, et s'il ne te convient pas, on pourra toujours en discuter.

— Je vous remercie infiniment, seigneur, mais...

— Mais quoi ? Vas-y, parle sans crainte.

— C'est que mon père n'est guère vaillant, et que nous n'avons plus rien à manger, dis-je enfin d'une voix hésitante. Si vous pouviez me faire la grâce de me prêter quelques kilos de maïs pour lui...

— Si ce n'est que ça, dit-il sans hésitation, tu vas dire à Yang Xingwang d'aller trouver la maîtresse de ma part et de lui demander ce qu'il faut pour ton père.

— Merci, seigneur. Merci, merci.

Je m'empressai de le saluer, de crainte qu'il ne revînt sur sa décision, et je rejoignis Yang Xingwang auquel je transmis ses instructions.

— Tu n'as pas encore commencé qu'il te donne déjà à manger, commenta-t-il en hochant la tête. Tu peux te vanter d'être bien vu.

— C'est juste un emprunt, lui dis-je. Je lui rendrai.

Yang sourit.

— Attends-moi ici. Je vais prévenir la maîtresse.

Il prit un sac de toile dans un coin de sa chambre et tourna les talons. Je me sentais plus léger. Qing Fu avait été bienveillant à mon égard et j'étais déterminé à me montrer digne de sa générosité en ne lui donnant que des satisfactions.

Yang Xingwang revint avec un sac gonflé de maïs sur l'épaule et je le déchargeai avec empressement de ce précieux fardeau. D'un revers de main, il épousseta la poussière blanche tombée sur sa veste.

— Merci, oncle Yang, de vous donner toute cette peine pour moi.

Sans répondre, il alla s'asseoir sur sa paillasse et il se mit à rouler une feuille de tabac.

— Zhang Changyou couchait là, dit-il enfin en me désignant un coin de la pièce. Tu n'auras qu'à prendre sa place.

Cette phrase me glaça. J'avais fini par oublier que je ne devais ma grâce qu'à la disgrâce de mon ami. La tristesse m'envahit à nouveau.

— Oncle Yang, dis-je au bord des larmes, je l'ai rencontré tout à l'heure. J'ai voulu lui parler, mais il a refusé de m'écouter, en m'accusant de lui avoir volé son travail. Je vous jure que je n'ai rien fait contre lui.

J'éclatai en sanglots. Yang me prit par l'épaule.

— Allons, n'y pense plus. Tu le connais, il a dit ça dans un moment de colère. Je vais aller le trouver d'ici quelques jours, et je lui expliquerai la situation. Je suis sûr qu'il n'a rien contre toi. Ça va s'arranger. Pour l'instant, va plutôt porter le maïs à ton père.

Ce fut ainsi que j'entrai au service du seigneur Qing, ignorant encore le rôle tragique que cette famille allait jouer dans le cours de mon destin.

Je m'attendais, en mettant le pied dans la maison la plus puissante et la plus fortunée de la région, à en voir les maîtres mener grand train au milieu d'un essaim de domestiques, et ma première surprise fut de constater qu'il n'en était rien. Le seigneur des lieux était en ce domaine d'une rare parcimonie. Non seulement il ne se trouvait en sa demeure aucune de ces jeunes servantes qui foisonnaient chez ses pairs, mais il ne disposait même pas d'une vieille bonne ou d'un cuisinier. La rigueur de sa maison était le juste reflet de sa rigueur morale.

Représentant local du prince Zhuang, il était à ce titre collecteur des impôts et des loyers d'une dizaine de villages environnants, tâche dont il s'acquittait avec une probité exemplaire qui lui valait la considération de tous. Toujours levé avant l'aube, il s'occupait lui-même de la gestion de ses terres avec autant de vigilance que d'efficacité. Ses ouvriers agricoles lui vouaient un sincère respect, qui ne tenait point tant à sa position sociale qu'à sa personnalité.

Traitant chacun avec un égal souci de justice et d'équité, il ne cherchait jamais à exploiter le faible et ne maltraitait personne, si humble fût-il. Lorsqu'une famille dans l'embarras venait quérir son aide, il ne la refusait point, dût-il payer de sa propre bourse. Ainsi, grâce à l'argent qu'il avait prêté à mon père, avions-nous pu enterrer ma mère décemment. Mais s'il savait se montrer compréhensif et bienveillant, il n'admettait, en revanche, qu'une règle de conduite de la part de ses employés, celle de l'obéissance inconditionnelle. Tant que vous vous soumettiez à son autorité, vous pouviez compter sur lui mais, dans le cas contraire, il savait se montrer dur jusqu'à la cruauté, comme l'avait tristement éprouvé Zhang Changyou.

Son épouse, dame De, était une vieille dame alerte et amène qui ne se donnait point de grands airs de maîtresse. Chaque fois qu'elle faisait appel à nos services, c'était toujours avec douceur et gentillesse. Déjà âgée, elle avait délégué ses pouvoirs à dame Ma, la femme de son fils aîné, personne forte et volontaire qui tenait la maison d'une main énergique. De l'aube au crépuscule, elle s'affairait sans rechigner aux tâches domestiques, se chargeant seule de l'entretien de la maison et du linge, des trois repas quotidiens de la famille et de ceux des ouvriers agricoles de son beau-père.

Sa belle-mère l'assistait du mieux qu'elle pouvait, en s'occupant de son petit-fils de deux ans. Les deux femmes s'estimaient et se respectaient, et l'harmonie qui régnait entre les membres de cette famille en aurait fait un exemple s'il n'y avait eu Deshun, le fils cadet, canard boiteux de la couvée, dont le nom ne signifiait rien moins que *Vertueuse Obéissance.* Or, de vertu il en avait aussi peu que d'obéissance ; ne se plaisant qu'à faire le mal en compagnie des pires coquins, il était la honte et le désespoir de sa famille. Dans son jeune âge, son père avait caressé le rêve de le voir accéder au mandarinat à l'exemple de son frère aîné, et pour mettre toutes les chances de son côté, il avait engagé pour l'instruire un précepteur particulier. Ce fut un événement à l'époque, car le bruit courait que le professeur était un membre illustre de l'Académie de Pékin. Qing Fu l'avait même envoyé chercher dans un palanquin à huit porteurs et tant de sollicitude nous avait semblé le garant de son éminente autorité. A la vérité, le brillant savant n'était qu'un obscur lettré à la retraite dont les nobles fonctions au sein de la vénérable académie s'étaient limitées à vider des corbeilles à papier ; mais son érudition avait beau ne point dépasser celle d'un bachelier, dans ce village où les savants étaient plus rares que les bonnes récoltes, sa venue avait fait grand bruit. A son arrivée, il s'était solennellement engagé auprès de Qing Fu à faire de son fils un grand lettré et à le conduire au pinacle de la fonction publique. Il était si sûr de lui et de ses méthodes qu'il avait tenu à signer un contrat par lequel il se liait d'honneur à lui faire obtenir au moins le grade de licencié ; et ce, en envisageant le pire.

Il avait vite déchanté. Son élève avait certes une jolie tête, mais elle sonnait plus creux qu'une calebasse.

A voir son charmant petit minois, on aurait pu croire à une certaine vivacité, mais sitôt qu'il se trouvait devant un livre, l'ennui qu'il en ressentait le terrassait d'un coup et, en général, il ne mettait guère plus de quelques minutes à s'endormir. Si son maître s'avisait de le tirer de son sommeil, il se rebiffait si méchamment, qu'à bout de ressources le vieux lettré fut obligé de porter les faits à la connaissance du père. Celui-ci vit rouge et, là où le précepteur avait tenté la persuasion, il usa de moyens plus radicaux.

Il empoigna un fouet et administra au cancre une volée mémorable. Deshun eut beau pleurer, hurler et supplier, le bras de son père ne se reposa que lorsqu'il eut les fesses en sang ; il en resta d'ailleurs indisposé fort longtemps : son postérieur était si enflé et tuméfié qu'il ne put plus s'asseoir des semaines durant.

Ce jour-là, Qing Fu engagea le maître à employer des méthodes plus musclées que par le passé et il l'autorisa à battre son fils jusqu'à la syncope si nécessaire, le châtiment corporel étant, selon lui, à la base d'une bonne pédagogie. Il y eut effectivement quelques jours d'embellie dans la scolarité du potache, puis, le feu du fouet s'estompant, l'enfant retrouva son naturel, au grand désarroi de son précepteur. *On ne sculpte pas sur du bois pourri*, prétendait Confucius ; nulle devise n'aurait pu mieux illustrer la réalité de la situation. Aussi, convaincu qu'il ne parviendrait jamais à respecter l'engagement qu'il avait pris auprès du père et soucieux de ne point se déshonorer, le maître décida-t-il de renoncer à sa mission sans attendre que l'échec fût consommé ; prenant prétexte d'une maladie aggravée par son grand âge, il présenta son congé et fit ses bagages. Son départ fut moins glorieux que son arrivée : un vieux cheval squelettique le ramena vers la capitale.

Sa démission fut un rude coup pour Qing Fu qui dut se rendre à l'évidence que son fils n'avait aucune disposition pour l'étude. La mort dans l'âme, il renonça donc à ses velléités, au grand soulagement de son rejeton qui dès lors passa son temps dans les tavernes et les maisons de thé, en compagnie de brigands et de débauchés. En prenant de l'âge, il se mit à fréquenter les prostituées, à s'enivrer et à se livrer à toutes sortes de trafics et d'illégalités.

L'année où j'entrai au service de sa famille, il n'était déjà plus qu'une créature dégénérée, une hyène malfaisante qui se vautrait dans le vice et l'infamie comme les cochons de son père dans la fange ; un monstre odieux qui brisa autour de lui tant de vies honnêtes pour rien, par plaisir et par méchanceté. Ainsi brisa-t-il la mienne et celle de ceux que j'aimais.

Chapitre 3

Mes premiers émois amoureux

Je m'étais promis, en entrant au service de Qing Fu, de ne lui donner que des satisfactions, et je mis dès le premier jour un zèle particulier à honorer mon serment. Pour le soutien qu'il avait apporté à ma famille dans une période difficile, je lui vouais une reconnaissance qui confinait à la dévotion ; je n'avais cessé de répéter depuis mon arrivée que sa bonté nous avait sauvés de la disette, mon père et moi, et, renforcé dans cette conviction par mon caractère naïf et ma soumission naturelle, il me sembla normal que lui et les siens pussent disposer de moi à leur gré. Ainsi ma docilité et ma fidélité leur furent-elles acquises d'emblée. Je mis tant d'application à contenter mon maître et tant de cœur à lui obéir qu'il m'accorda rapidement sa pleine confiance. Un mois seulement après mon arrivée, il me permettait déjà de conduire le chariot à grains et d'entrer dans sa résidence librement, même en son absence ; il avait autorisé son épouse et sa belle-fille à faire appel à moi sans hésiter pour tous les gros travaux qu'elles ne pouvaient exécuter seules, et les deux femmes prirent l'habitude de me faire travailler pour elles. La confiance n'avait pas que de bons côtés. Il m'avait aussi remis les clefs des deux portes d'entrée, me confiant la responsabilité de les ouvrir et de les fermer matin et soir. Malheureusement, de cette marque d'estime qui m'avait honoré dans les premiers temps, je devins très vite la victime.

Qing Deshun, le fils cadet de la famille, avait la fâcheuse habitude de sortir chaque nuit en cachette de son père, pour courir les prostituées ou les tavernes dans lesquelles il s'avinait des heures durant en pariant avec la racaille du pays un argent qu'il n'avait pas la peine de gagner. Du jour où je reçus les clés, il m'ordonna de veiller jusqu'à son retour pour lui ouvrir la porte au signal convenu et, comme je n'eus pas le courage de refuser, je me condamnai dès lors à rester debout jusqu'après minuit, n'osant pas m'étendre de peur de manquer le rendez-vous. Même lorsque ma journée de travail avait été particulièrement éreintante, je me résignais à l'attendre assis sur mon lit, le dos calé contre le mur, luttant comme je pouvais contre le sommeil qui me terrassait, jusqu'à ce que j'entendisse, après des heures de veille, le marteau du heurtoir frapper doucement contre la porte. Alors, je sautais sur mes jambes et je me faufilais dans l'ombre pour lui ouvrir discrètement. Puis je revenais m'écrouler sur ma paillasse dans la petite baraque que je partageais avec Yang Xingwang, et je m'endormais d'un coup sans même me déshabiller. Ainsi Qing Fu ne fut-il jamais au courant des escapades nocturnes de son fils ; et moi, à l'aube de chaque matin, je prenais la route des champs sans savoir comment je marchais.

Yang Xingwang, qui était plus âgé que moi et d'un caractère plus entier que le mien, était outré par mon attitude, qu'il qualifiait de servilité aussi indécente que malvenue.

— Tu fais un bel imbécile, me disait-il. Voilà un débauché qui passe ses nuits à s'amuser avec des filles et toi, tu peines toute la journée, le soir, tu es mort de fatigue et tu passes encore la moitié de la nuit à attendre qu'il veuille bien rentrer. On dirait que tu prends plaisir à te torturer. Pourquoi es-tu si faible, espèce d'idiot ? Ça te sert à quoi ? A ta place, j'irais tout raconter à son père pour mettre un terme à son petit manège.

— Oncle Yang, lui répondais-je, il est le fils de notre maître, et je ne suis qu'un employé de son père. S'il me demande un service, je ne puis refuser. Ne sommes-nous point là pour le servir lui aussi ?

Lorsqu'il m'entendait parler ainsi, Yang devenait cramoisi ; les veines de son cou étaient si gonflées qu'il me semblait toujours qu'elles allaient éclater sous mon nez.

— Il y a des choses que l'on doit faire et d'autres que rien ne nous oblige à accepter, car elles ne font pas partie de notre travail, continuait-il les yeux exorbités. Tu ne dois pas tout tolérer d'eux, comme un chien. Qu'est-ce qu'il t'aurait fait si tu avais refusé dès le départ ? Il t'aurait arraché les roubignoles avec ses dents ? Non, vraiment, je ne te comprends pas. A ta place, il y a longtemps que j'aurais renoncé à participer aux magouilles de ce bandit-là. Tu es une vraie chiffe molle qui n'a rien dans le ventre. Tout ce qu'il craint, c'est que son père soit mis au courant, alors fais-le, parle, dis-le à son père, et tu verras que le vieux te remerciera. C'est lui ton maître, non point son avorton de fils, et je gage que tu n'as rien à gagner en manigançant derrière son dos comme tu le fais.

Soucieux de ne point me disputer avec Yang Xingwang, je le laissai protester, et je continuai à attendre Qing Deshun toutes les nuits, préférant sacrifier un peu de mon repos plutôt que de laisser le fils de mon maître à la porte de chez lui.

Parmi les canailles qu'il fréquentait, se trouvait Sun Sanyuan, le patron d'une petite épicerie du bourg, qui avait, des années durant, servi de rabatteur à un groupe de trafiquants de femmes et d'enfants dans la ville de Tianjin. Le coquin avait la crapulerie dans le sang, et il portait sa bassesse sur la figure. Rarement la laideur physique avait aussi bien reflété la vilenie morale que chez ce petit gnome bossu, dont la difformité semblait moins due à un vice de naissance qu'aux obséquieuses courbettes qu'il avait passé sa vie à faire. S'il en avait eu une, il aurait vendu son âme pour de l'argent ; il prenait devant les riches un ton mielleux et servile, la tête inclinée sur l'épaule, le regard en dessous, la face déformée par un affreux rictus qui se voulait un sourire et qui découvrait dans sa bouche puante deux rangées de chicots aussi noirs que son cœur. Il avait de par ses activités honteuses amassé un bon paquet d'argent sale, et, le souci de ses vieux jours lui étant venu avec l'âge, il s'était alors mis en tête de faire fructifier son capital le plus précieux, sa propre fille. Caressant l'espoir de la marier à un richard pour s'assurer une retraite à l'abri du besoin, il avait rompu avec le milieu des aigrefins pour se consacrer à une activité plus honorable et se refaire une respectabilité.

Ainsi, était-il rentré dans son village natal où il avait loué à Qing Fu deux petites maisons pour y ouvrir une épicerie.

Son négoce n'était en fait qu'une vitrine dans laquelle il exposait sa fille unique à la manière d'une marchandise qu'il était prêt à céder au plus offrant. Misant tout sur elle, il dépensait sans compter pour faire venir de Pékin les plus nobles étoffes, les plus charmants chaussons de satin brodé qui mettraient en valeur ses mignons petits pieds, les bijoux et les fards les plus sophistiqués. Ainsi parée, décorée et poudrée comme une vraie petite poupée, il la faisait asseoir dans sa boutique pour servir les clients, lorgnant à côté d'elle sur l'essaim de jeunes gens venus lui faire de l'œil, dans l'espoir de trouver parmi eux celui qui assurerait sa fortune. Son commerce ne s'en portait pas mieux pour autant, la plupart se contentant de tournicoter autour de la boutique sans faire l'effort de lui rien acheter, l'œil mouillé et l'âme chavirée par la belle Yujie, dont le nom qui signifiait *Pureté de Jade* n'aurait pu être mieux porté. Car tout en elle était pureté. Pureté, la lourde natte de ses cheveux de jais qui ondoyaient au creux de ses reins cambrés ; pureté, le parfait ovale de son beau visage et pureté, son teint, diaphane comme la brume matinale que le soleil levant tendrement rosissait ; pureté encore que les perles noires de ses grands yeux dans lesquels un feu ardent pétillait en mille nuances dorées ; pureté, la peau d'albâtre de sa chair souple et fine que sa veste livrait jalousement à nos regards au détour d'un col ou d'un poignet ; pureté, les courbes légères de ses formes naissantes qui nous chaviraient le cœur et nous mettaient le feu aux joues ; et surtout, pureté que son cœur et que son âme auxquels les miens, dans le secret, avaient juré éternité.

Naturellement aimable et chaleureuse, elle traitait ceux qui la respectaient avec douceur et gentillesse, bavardant avec l'un, plaisantant avec l'autre, sans jamais de frivolité. Elle était avenante mais droite, et n'avait besoin de personne pour remettre à leur place les jeunes gens un peu trop libres et engageants qui se seraient permis un écart de langage ou un geste déplacé ; elle stoppait net les inconvenants d'une phrase piquante ou d'un regard foudroyant, et ce trait de son caractère lui avait valu le surnom de Petit Piment.

Coureur de jupons invétéré, Qing Deshun n'était pas le dernier à la convoiter et, sous prétexte de faire une partie d'échecs avec son père ou de bavarder avec lui devant un verre d'alcool, il ne laissait pas passer un jour sans montrer son nez dans la boutique. Tout en étant polie, Yujie gardait ses distances avec lui mais, loin de le décourager, cette réserve l'excitait. Connaissant son caractère entier, et pour mettre toutes les chances de son côté, il commença par lui témoigner un certain respect, lui qui ne respectait rien ni personne, résolu à employer le temps qu'il faudrait pour l'attirer dans ses filets, en patientant dans les bras des prostituées.

Je fréquentais moi aussi la petite épicerie où mon maître m'envoyait régulièrement acheter ses cigarettes, son thé et autres denrées ; mais je ne m'attardais jamais. Je demandais en bafouillant ce que je désirais, je payais en tremblotant et je partais en titubant sans avoir osé lever les yeux sur celle dont je connaissais pourtant le moindre trait et tous les agréments. De son côté, elle m'accueillait toujours avec une joyeuse sympathie, me demandant des nouvelles de mon père qu'elle n'avait jamais connu, me questionnant sur mon travail, s'inquiétant de ma mine fatiguée, est-ce que tu dors bien, est-ce que tu manges bien, et moi le rouge aux joues qui me prenais à bégayer deux ou trois phrases incohérentes, la gorge sèche, le cœur dans les oreilles, l'esprit à la torture ; et cependant la torture m'était si douce que lorsque mon maître s'avisait d'envoyer en course un autre que moi, j'en aurais pleuré. Mes collègues de travail auxquels rien n'avait échappé se prirent à me taquiner gentiment, et mes émois amoureux devinrent le sujet favori des plaisanteries chaque fois que notre groupe se réunissait. Un premier lançait une boutade, un autre renchérissait, tout le monde riait et c'était parti. Ainsi, un soir que nous nous étions retrouvés dans notre baraque, l'un d'eux commença :

— Je ne sais pas ce que tu as de plus que les autres, mais partout où tu passes, tu es bien vu. Ici le maître ne jure que par toi, et même Petit Piment qui n'a jamais laissé personne l'approcher, lorsqu'elle te voit, on dirait que c'est le soleil qui se lève dans sa boutique.

Un autre continua :

— C'est qu'il est en âge de plaire aux filles, le bougre, et de faire leur bonheur ! Elle l'a bien vu, notre petite épicière qui lui fait les yeux doux.

Leurs gaudrioles me mettaient si mal à l'aise que je restais comme un gros benêt à hausser les épaules, sans trouver quoi leur répondre.

— Ne dites pas n'importe quoi. Si le fils du maître venait à apprendre ce que vous racontez là, ça ferait une belle histoire. Je ne veux pas avoir d'ennuis avec lui.

— Imbécile, bougonna Yang Xingwang, tu n'as pas encore compris que tout ce qui l'intéresse, celui-là, c'est la bagatelle ? Il n'y a que le vieux Sun pour s'imaginer qu'il va se marier avec sa fille. Tu verras si ce que je te dis n'est pas vrai.

— Peut-être, répondis-je, mais moi qui ne suis qu'un valet de ferme, je ne peux quand même pas épouser une fille comme elle. Ne dites donc pas de bêtises.

Li Xiangzi vint s'accroupir à côté de moi et, rejetant sa natte dans son dos, il rectifia :

— On ne dit pas de bêtises, mon garçon. Moi, je l'ai bien vu son manège au Petit Piment. Pas une fois je ne suis allé dans la boutique de son père sans qu'elle me demande de tes nouvelles. Oh ! pourquoi n'est-ce pas Yu Chunhe qui vient faire les courses aujourd'hui ? Et voilà le sujet lancé : et qu'est-ce qu'il fait, et qu'est-ce qu'il devient, et sa famille ?... Elle pourrait passer des heures à parler de toi et je suis toujours obligé de l'interrompre si je ne veux pas rester la journée à l'écouter me vanter tes grandes qualités. Je te dis que cette petite-là a le béguin pour toi. Sinon, pourquoi s'intéresserait-elle tellement à ce que tu fais ? Ecoute-moi, tu n'as pas à avoir peur du fils de notre maître. Tente plutôt ta chance et approche-la. Tu verras si c'est des bêtises qu'on te raconte.

Je hochai la tête incrédule.

— Tout cela, c'est votre imagination qui travaille. Il ne faut pas rêver. Vous croyez qu'une fille comme elle épouserait un pauvre malheureux comme moi ?

Li Xiangzi s'approcha de mon oreille.

— La prochaine fois, au lieu de lorgner tes pieds, tu vas la regarder droit dans les yeux. Si elle ne baisse pas les siens, soutiens son regard aussi longtemps que tu le pourras. Fais ça deux ou trois fois de suite, et si tu sens passer l'émotion, à la quatrième fois, s'il n'y a personne à côté, arrange-toi pour lui toucher la main ou le bras. Si elle se fâche, excuse-toi en lui disant que tu ne l'as pas fait exprès, et abandonne. C'est que je me serai trompé. Mais si elle ne dit rien ou, encore mieux, si elle te sourit, c'est que c'est bon, alors tu lui murmures à l'oreille : « Je t'attends ce soir au bord du fleuve. »

Je repoussai Li Xiangzi, le visage cramoisi de confusion.

— Qu'est-ce que tu veux que je fasse avec elle le soir au bord du fleuve ?

Yang Xingwang pouffa de rire.

— Ah ! l'imbécile ! Qu'est-ce qu'on peut faire le soir au bord d'un fleuve ? Avec une berge qui a été chauffée par le soleil toute la journée, qu'elle en est aussi chaude et moelleuse qu'un lit. Hein ? Qu'est-ce qu'on peut faire, gros ballot, sinon se coucher dessus et faire ce qu'on a envie de faire.

Ils éclatèrent tous d'un gros rire chargé de sous-entendus qui m'emplirent de honte. Je les trouvais sales et grossiers, et refusant d'écouter davantage leurs obscénités, je sortis en claquant la porte pour aller me promener dans la cour.

A plus de minuit, j'étais toujours planté sur l'aire de battage à ruminer de drôles de pensées, lorsque j'entendis le signal de Qing Deshun qui rentrait. J'allai lui ouvrir la porte, puis je retournai me coucher ; je passai le reste de la nuit allongé sur ma natte, les yeux rivés à la toiture noire de suie, le cœur affolé et le corps agité de frissons jusqu'alors inconnus, à caresser des rêves en murmurant le nom de mon aimée.

Le lendemain, après avoir passé la matinée dans les champs, mes compagnons empruntèrent le raccourci habituel pour rentrer déjeuner, et moi je pris la route de l'épicerie, porté par une douce léthargie qui ne me permettait plus de réfléchir à ce que je faisais. Ce ne fut qu'en arrivant devant la boutique, que je réalisai mon audace, et j'allais faire demi-tour lorsque j'aperçus Yujie sur le pas de sa porte, assise sur un petit tabouret bas, qui faisait sa lessive courbée au-dessus d'un baquet, les pieds gentiment écartés de chaque côté. Les yeux baissés sur ses vêtements, en quête de taches à débusquer, elle ne me vit point arriver et je pus l'observer à la dérobée. Ses manches retroussées me découvraient ses bras blancs et potelés entourés de fins bracelets d'or ciselé. Lorsqu'elle se mettait à frotter, sa longue natte nouée par un ruban rouge lui battait les reins au rythme des mouvements de ses mains et, au bout de ses oreilles, ses deux boucles d'or se balançaient pour lui caresser doucement la joue ; mais c'étaient surtout les pointes dressées de ses petits seins ronds frétillant en cadence contre la soie de sa blouse fleurie qui me fascinaient.

Je restai là comme un idiot, cloué sur place, médusé par cette vision d'enchantement et un peu abruti par le soleil de midi qui me tapait sur la tête. J'avais oublié de prendre mon chapeau. La sueur me coulait du front dans les yeux, mais j'étais trop absorbé dans ma contemplation pour songer à l'essuyer. Submergé par une vague de passion que j'étais incapable de refouler, je m'approchai d'elle tel un automate, d'un pas mécanique qui échappait à ma volonté. Mon approche la fit sursauter, puis lorsque en relevant la tête elle me découvrit dressé comme un crétin, les yeux égarés, suant et frémissant à ses pieds, elle eut un petit sourire amusé.

— Bonjour, grand frère Chunhe, tu viens acheter quelque chose ?

Grand frère Chunhe, elle avait dit grand frère Chunhe, et ces trois mots coulèrent dans mes veines comme du miel. Mon corps entier baigna d'un coup dans un épais sirop qui me colla les pieds au sol et m'englua la langue ; tout ce que je pus faire, ce fut de secouer bêtement la tête pour lui signifier que non, je ne venais rien acheter.

Elle étouffa un rire et, levant sur moi son regard mutin, elle me lança innocemment :

— Chunhe, qu'est-ce que tu as aujourd'hui ?

Mon cœur battait si fort que j'avais l'impression qu'il allait me sortir par la bouche à la première parole que je prononcerais.

— Tu es trempé de sueur. Tu n'as donc pas de mouchoir pour t'essuyer ? Attends, je vais te chercher une serviette.

Elle se leva du tabouret en s'essuyant les mains sur son tablier, et je n'eus pas le temps de refuser que déjà mon visage s'enfouissait dans une douce bouffée de parfum de santal. Je n'avais, en quinze années d'existence, respiré si délicieuse odeur. Mon cœur battait à m'en percer la poitrine, j'étais éperdu, à ne plus savoir si je devais rester ou prendre mes jambes à mon cou pour garder à jamais sur moi sa tendre empreinte parfumée.

— Tu veux boire un verre d'eau ?

Toujours sans se soucier de ma réponse, elle retourna dans la boutique pour en ressortir avec une tasse pleine de thé. Je refusai mais, tout en disant non, mes lèvres se posèrent avides sur le précieux gobelet.

— Grand frère Chunhe, si tu n'as rien à faire le soir, au lieu de rester dans ta baraque avec les autres ouvriers, tu pourrais venir bavarder avec moi. Ce serait moins ennuyeux, puisque tu ne bois pas et que tu ne joues pas aux jeux d'argent avec eux.

Elle me dit tout cela avec le plus grand naturel, tout en se remettant à sa lessive. Je la couvris d'un regard passionné et, rougissant de l'audace de son invite, je hochai fébrilement la tête en bafouillant une suite de oui émus et essoufflés. Mon cœur battait trop fort pour lui dire autre chose ; je craignais toujours de le voir sauter dans son baquet. Elle leva les yeux vers moi, comme surprise de constater que j'étais encore là.

— Rentre vite déjeuner, dit-elle. Et ce soir, si tu as le temps, passe me voir.

— Ce soir... oui, j'ai tout mon temps. A ce soir.

Je regagnai la ferme dans un état second, sans savoir comment je marchais. Mon corps avait quitté sa compagnie délicieuse mais mon âme était restée. Je passai une journée étrange, dans un monde seulement peuplé d'elle. Partout je voyais sa fine silhouette flotter devant mes yeux émerveillés ; partout j'entendais sa voix murmurer mon nom à mon oreille, et lorsqu'un collègue m'appelait, je devais me pincer pour ne point lui répondre : Oui, ma Yujie. La panique me saisit à la nuit tombée. N'avais-je pas rêvé ? M'avait-elle bien dit de venir passer la soirée avec elle ? Le doute m'envahissait ; mille et une pensées contradictoires se bousculaient en moi en me griffant le cœur comme une patte de chat. Un coup, j'étais décidé et je sortais de ma cabane d'un pas assuré, mais, après quelques mètres, le doute me reprenait et je rentrais me cacher. Le maître enfin me tira d'embarras.

— Yu Chunhe, me cria-t-il depuis le perron. J'ai des invités. File m'acheter des cigarettes.

Jamais ordre ne fut plus promptement obéi. Je pris mes jambes à mon cou pour me précipiter dans la rue, mais au moment où j'allais franchir le portail, il me cria encore :

— Yu Chunhe ! Tâche de trouver mon deuxième fils et de lui dire de revenir tenir compagnie à nos hôtes.

Je filai comme un coup de vent et en quelques secondes, je fus rendu devant l'épicerie. La porte était fermée mais par les interstices, un filet de lumière passait. Je frappai quelques coups et j'entendis la voix de Yujie.

— Qui est-ce ?

— C'est moi, Yu Chunhe. Je viens pour acheter des cigarettes.

Mon cœur battait à tout rompre dans ma poitrine et ma voix tremblotait. Elle m'ouvrit la porte et me fit entrer. Une odeur de cuisine et d'alcool chauffé me souffla aux narines ; tournant la tête vers l'arrière-boutique qu'une lampe à pétrole éclairait, je découvris Sun Sanyuan attablé en compagnie de Qing Deshun, le fils de mon maître que j'étais censé ramener chez lui. Que faisait-il ici, habillé comme en un jour de cérémonie, la natte luisante et si bien tressée ? Sur son visage plus livide que celui d'un mort, ses petits yeux malsains et ses lèvres sombres formaient trois taches noires. Sous la pâle lumière de la lampe qui donnait à sa peau un aspect translucide, il faisait l'effet d'un bonhomme en sucre.

Yujie me tendit le paquet de cigarettes avec un air gêné que je ne lui avais jamais vu jusqu'alors. Elle semblait agitée et perturbée.

— Grand frère Chunhe, reviens plutôt un autre jour. Ce soir, c'est un peu compliqué, me dit-elle dans un souffle.

J'empochai le paquet et avant de franchir le seuil, je me retournai vers Qing Deshun.

— Jeune seigneur, lui dis-je, votre père m'a chargé de vous prévenir qu'il avait de la visite et qu'il souhaitait vous voir rentrer tenir compagnie à ses hôtes.

— Tu n'as qu'à lui dire que tu ne m'as pas trouvé, marmonna-t-il le nez dans son bol d'alcool.

Sur le pas de la porte, Yujie me dit à voix basse :

— Excuse-moi. J'avais pensé que nous pourrions bavarder ensemble. Je ne savais pas que ce fâcheux allait venir nous embêter ce soir. Ce n'est pas grave, tu reviendras un autre jour.

Puis elle reprit sa voix normale pour me saluer, de manière à être entendue des deux autres.

— A la prochaine fois, grand frère Chunhe. Rentre bien.

Lorsque la porte se fut refermée sur moi, je me sentis tout à la fois honteux, humilié et heureux. Certes, j'étais venu pour rien, sinon pour trouver le jeune seigneur à table avec son père, mais elle l'avait nommé fâcheux et m'avait invité à revenir la voir. A l'intérieur de la boutique, je l'entendis qui disait :

— Votre père vous envoie chercher. Pourquoi avoir demandé à Yu Chunhe de lui mentir ? Il aurait été plus honnête de lui faire dire que vous ne vouliez pas rentrer. Yu Chunhe est trop droit pour savoir raconter des mensonges et votre père risque de se fâcher. Vous feriez mieux de partir.

— Qu'il se fâche donc s'il en a envie, je m'en fiche pas mal. J'aime mieux discuter avec toi, ma jolie, plutôt qu'avec ses sinistres invités. Allez, viens, on va faire un brin de causette en buvant un coup tous les deux.

Il éclata d'un rire sonore qui me parut obscène. Je repartis la mort dans l'âme, traînant le pas, la tête basse, les poings serrés, à me traiter d'imbécile. La première fille venue me faisait un sourire, et je pensais aussitôt à l'épouser.

— Reviens un peu sur terre, mon vieux Chunhe, me dis-je. Tu n'arrives déjà pas à te nourrir toi-même, où aurais-tu trouvé l'argent pour lui payer les vêtements, les bijoux et les fards auxquels elle est habituée ? Et où l'aurais-tu fait vivre ? Dans la baraque crasseuse que tu partages avec Yang Xingwang ? C'est un homme comme Qing Deshun qu'elle doit épouser, pas un va-nu-pieds de ton espèce !

Je décidai ce soir-là de ne plus jamais la revoir, et de m'arranger avec Li Xiangzi pour les courses. S'il refusait, je pourrais toujours aller à l'autre épicerie du bourg, quitte à faire une demi-heure de route pour un paquet de cigarettes ; je ne la reverrais plus jamais.

Chapitre 4

Unis par l'amour, la haine d'un autre nous séparait

Je tins ma promesse, mais chaque soir je désertais ma cabane et la compagnie de mes collègues pour m'asseoir seul dans l'encoignure du portail d'entrée donnant sur cette rue que je m'étais juré de ne plus jamais emprunter. Le jour, je faisais de grands détours pour l'éviter mais, à la nuit tombée, je restais des heures, les yeux fixés sur elle, à la regarder basculer dans l'obscurité, et à guetter les premières lueurs des foyers se confondant avec les étoiles au ciel accrochées. Au bout de la rue, j'imaginais Yujie.

Depuis le fameux soir, j'étais dévasté par un sentiment de profonde solitude. Mes journées se ressemblaient toutes, creuses et monotones, mes amis m'ennuyaient ; partout j'étouffais, si ce n'était le soir lorsque je respirais le vent de la rue, cherchant à y puiser quelque fraîcheur capable de calmer le feu qui me ravageait.

Un soir que j'étais ainsi installé, des bruits de voix et de pas précipités brisèrent brusquement le silence, et je vis deux hommes approcher. Reconnaissant Qing Deshun et Sun Sanyuan, je me recroquevillai dans un renfoncement du mur pour ne point me faire remarquer. Deshun avait la natte dénouée et les cheveux tout en bataille sur les épaules. Sa robe était déchirée sur le devant, et sa face blafarde striée de griffures rouges. Je l'entendais hurler :

— Putain de petite garce ! Voilà la reconnaissance qu'elle me témoigne après tout ce que j'ai pu faire pour elle. Oser me frapper !

Sun Sunyuan trottait pantelant, à côté de lui, tout en tentant de le calmer.

— Mon jeune seigneur, il ne faut pas le prendre mal. Elle aura voulu plaisanter.

Qing Deshun se retourna, et dans un geste rageur, il lui cracha un grand coup au visage.

— Ferme ça, fils de chien ! Je n'aime pas qu'on se foute de moi ! Plaisanter ! Tu parles qu'elle plaisantait ! Elle a failli me tuer avec des ciseaux.

Le vieux Sun s'essuya la figure d'un revers de manche.

— Mon jeune seigneur, je l'obligerai à vous présenter des excuses cette nuit même, voulez-vous ?

— Tu t'imagines qu'elle va t'obéir ? C'est toi qui plaisantes ! Si elle t'avait obéi jusqu'à présent, on n'en serait pas là aujourd'hui.

— Cette fois, je vous jure qu'elle va devoir m'écouter. Et si jamais elle ne m'obéit pas, tiens, vous me giflerez !

— D'accord, on va voir. Puisque tu es si sûr qu'elle va t'obéir, dis-lui que je la veux à ma table d'abord et dans mon lit ensuite.

— Mon jeune seigneur, ricana Sun Sanyuan, c'est aller un peu vite en besogne ! Qu'elle vous présente déjà ses excuses. Pour le reste, il ne sert à rien d'être trop pressé. Tôt ou tard, elle se soumettra à votre volonté et ce jour-là vous pourrez l'emmener dans un palanquin à huit porteurs et faire d'elle ce que vous voudrez. Ça se fera, mais dans le respect des conventions.

— Les conventions ! Vieille crapule ! Je ne connais de conventions que celles que je fixe moi-même. Je veux savoir dès ce soir quel jeu elle joue avec moi ; va au diable avec tes conventions !

— A vouloir précipiter les choses, vous risquez de bloquer la situation, et après, je ne pourrai plus rien pour vous, insista Sun Sanyuan d'une voix mielleuse.

— D'accord, reprit Qing Deshun après un moment, j'accepte le marché. Mais ce soir, qu'elle vienne au moins boire à ma table.

Concluant sur ces paroles, il poussa la porte sans me voir et le vieux Sun rebroussa chemin, le dos courbé.

Yujie était en danger et je devais la sauver en la prévenant de ce qui se tramait contre elle ; je pris mes jambes à mon cou et je courus comme un fou par un autre chemin que son père mais, sur le point d'arriver, je me ravisai.

Quel droit avais-je de me mêler d'affaires qui ne me concernaient pas, et qui avait décidé qu'elle ne voulait point de Qing Deshun, sinon moi ? Peut-être n'était-ce qu'un jeu, comme il le prétendait. Une fois qu'ils seraient réconciliés, mon audace se retournerait contre moi et je serais renvoyé, comme Zhang Changyou l'avait été pour moins que cela. Je devais songer à mon père qui ne comptait que sur moi ; au moins pouvais-je attendre un peu et voir la suite qu'allaient prendre les événements plutôt que d'agir sur un coup de tête.

Ainsi rongé par tant d'incertitude, je rebroussai chemin, mais arrivé devant ma porte, je regrettais déjà mon manque de fermeté. J'étais inquiet pour Yujie ; devais-je l'abandonner à ce chacal de Qing Deshun ? Je marchai un moment de long en large, à ne pas savoir quel parti adopter, puis mes hésitations l'emportant sur mon amour, je regagnai ma cabane et, tapi dans l'obscurité, je me mis à pleurer. Soudain, Qing Deshun m'appela dans la cour. Je me levai d'un bond, le cœur battant, et je décrochai une faucille du mur ; je la cachai rapidement sous ma veste, sans réfléchir à quoi je pourrais m'en servir, et je sortis le trouver.

— Jeune maître, dis-je d'emblée, ce soir je ne pourrai pas faire le guet à la porte. Mon père est malade et il m'a fait demander.

— Tu iras demain. Ce soir, j'ai besoin de toi, répondit-il d'un ton fâché.

— C'est que j'ai déjà demandé un congé à votre père et qu'il a accepté.

— Ça va, laisse tomber. D'ailleurs, je vais sûrement coucher dehors ce soir. Tu peux dire à tes collègues qu'ils n'auront pas besoin de m'attendre.

Il partit après m'avoir lancé un regard furieux ; je le regardai s'éloigner, puis lorsque sa silhouette eut disparu dans l'ombre, je me mis à le suivre.

Il marcha d'un pas nerveux jusqu'à l'épicerie devant laquelle il se mit à gueuler :

— Sun Sanyuan !

Je me cachai derrière un muret. Le vieux Sun sortit de sa boutique en claudiquant, les mains prises l'une par une bouteille d'alcool, l'autre par un panier en bambou tressé. En apercevant Qing Deshun, il fendit sa face chafouine d'un sourire artificieux.

— Mon jeune seigneur, gémit-il cassé en deux par les courbettes, vous arrivez trop tôt !

— On avait dit à la nuit tombée, rectifia Deshun d'un ton glacial.

— Oui, oui, oui, mon beau seigneur, approuva l'autre en ricanant.

— Ça se présente comment ?

— Voyez vous-même, j'étais en train de préparer un petit banquet, lui dit-il en levant vers lui son panier et sa bouteille d'alcool.

— Ce n'est pas de ça que je te parle. Je m'en fous de ton banquet. Et ta fille, tu lui as parlé ?

— Oui, oui, mon seigneur, tout est arrangé.

— C'est bien vrai ce que tu racontes ? s'étonna Deshun à moitié convaincu.

— Comment, si c'est bien vrai ? Vous ai-je jamais trompé ?

— Tout est donc pour le mieux, triompha le débauché. Comment t'y es-tu pris pour la décider ?

— Je lui ai dit que vous l'aimiez sincèrement et je lui ai parlé des projets que j'avais pour elle.

— Et qu'est-ce qu'elle a répondu ?

Cette dernière phrase me fit bondir le cœur. Je retins mon souffle pour mieux entendre la réponse du vieux.

— Elle n'a pas répondu tout de suite. Elle est restée un moment à se mordiller les lèvres en tortillant son petit mouchoir, puis elle a levé les yeux vers moi et elle m'a simplement dit : « Père, c'est à vous de décider. Je m'en remets à votre choix. »

Sun Sanyuan lorgna vers Qing Deshun pour lire sur sa figure la réaction qu'il attendait, et je me mordis les poings pour ne point hurler.

— Vraiment, c'est ce qu'elle a dit ? reprit Deshun en en bavant d'aise.

— Comme je vous le dis, mon jeune seigneur. Je ne vous cache point qu'elle n'a pas sauté de joie. Mais malgré tout, je l'ai vue remplir une bassine d'eau pour aller faire une petite toilette, et elle a sorti ses plus beaux vêtements de ses malles.

Un goût de fer m'emplit la bouche ; je m'aperçus que je saignais. La tête me tournait, le monde sous moi s'écroulait.

— C'est bon, l'interrompit Qing Deshun. Si ça marche, tu n'y perdras pas au change. Je saurai me montrer reconnaissant. Fais-moi confiance, vieille canaille.

Plein de morgue et d'assurance, il l'écarta d'un revers de main pour entrer dans la boutique mais le vieux bossu le retint par la manche.

— Ne vous précipitez pas comme ça, mon jeune seigneur, grimaça-t-il. Qui saute sur les nouilles au sortir du feu se brûle la langue. Laissez-moi le temps de vous confectionner un petit banquet, d'arranger un peu ma maison, et surtout laissez le temps à ma fille de se préparer. Revenez donc quand tout sera prêt.

— Dans ce cas, je t'attends à l'auberge de Qian le Quatrième. Quand tout sera prêt, tu viendras me chercher.

— Voilà, c'est ça, mon jeune seigneur. Je viendrai vous chercher quand tout sera prêt.

Qing Deshun fit demi-tour dans une grande envolée de manches et il se dirigea vers l'auberge de Qian, d'un pas assuré.

Je restai le dos collé au muret, sans force, vidé, fatigué, écœuré par ce monde retors où les pères vendaient leurs filles au premier démon qui agitait de l'or sous leur nez, maudissant la terre entière, les yeux rivés à la boutique de l'ignoble épicier. Ainsi seul et abandonné, je n'eus bientôt plus qu'une envie : me jeter dans les bras de mon père pour pleurer.

A la vue de notre humble chaumière, mon cœur fut sur le point d'éclater. La lueur qui vacillait par la fenêtre délabrée mais familière allait peut-être me réchauffer dans cette nuit glacée. Une odeur un peu rance me piqua les narines. J'étais chez moi. Je me précipitai sur la porte, impatient d'embrasser mon père ; je le trouvai assis sur son lit avec une femme à son côté. En m'entendant entrer, ils se tournèrent vers moi. Je poussai un cri et, machinalement, je reculai vers la porte, comme pour me sauver. Que faisait-elle ici ? Comment était-elle arrivée ? Que s'était-il passé ? Les questions se bousculaient en moi, j'avais le corps pétrifié. Je sentais la sueur me couler dans la nuque ; je voulus crier : « Yujie », mais par ma bouche ouverte, aucun son ne put sortir.

— Chunhe, dit-elle enfin, je me suis sauvée de chez mon père. Aide-moi, je t'en supplie. Qing Deshun veut me faire du mal et mon père, qui ne voit que son argent, s'est mis d'accord avec lui pour me piéger.

Sa voix était fébrile, son corps secoué de spasmes convulsifs. Elle semblait à bout de forces et à bout de nerfs ; elle fondit en larmes, comme je m'y attendais. Et pour la consoler, je ne trouvai rien d'autre à dire que :

— Qu'est-ce qui s'est passé ?

Alors, elle me raconta, entre sanglots et hoquets, ce qu'en grande partie je savais.

— Ce matin, il est venu à la boutique et il a profité de ce que mon père avait le dos tourné pour faire le renard qui vient souhaiter la bonne année au poulailler. Il est arrivé par derrière et il m'a bandé les yeux avec un bout de tissu. J'ai tout de suite compris qu'il n'avait pas des intentions honnêtes, et je me suis dérobée sans répondre à ses grossièretés, pour aller me réfugier dans ma chambre, mais il m'a suivie et il s'est jeté sur moi. Alors, je me suis fâchée et je lui ai ordonné de partir, et comme il ne voulait pas me lâcher, je l'ai giflé. Mais il m'a serrée encore plus fort et j'ai eu beau me débattre et le griffer, il ne voulait pas céder, si bien que j'ai fini par attraper des ciseaux sous la natte de mon lit et je les lui ai montrés en lui criant : « Qing Deshun, tu te conduis comme un chien, mais avec moi tu es mal tombé ! Tu t'imagines que l'argent puant de ta famille t'autorise à faire n'importe quoi ? Avec des misérables comme mon père qui sont prêts à vendre les leurs pour quelques taëls, c'est peut-être vrai, mais pas avec moi ! Je te conseille de ne jamais remettre les pieds ici, et maintenant, si tu oses toucher à un seul de mes cheveux, je te plante mes ciseaux dans le ventre. « Pour le coup, il a eu peur et il m'a lâchée. Ensuite, il s'en est pris à mon père qu'il a insulté et menacé, puis il est parti, l'air mauvais. Après son départ, mon père a voulu me forcer à lui présenter des excuses, mais je lui ai répondu que je préférais mourir et, en me voyant si décidée, il n'a pas insisté. Puis j'ai réfléchi que l'affaire n'allait certainement pas en rester là, que Qing Deshun allait probablement revenir, et que père, qui est prêt à toutes les bassesses, allait sûrement s'entendre avec lui. Le seul moyen de leur échapper, c'était de quitter le village et de me sauver. C'est comme ça que j'ai décidé de venir chez toi.

La honte m'avait saisi à mesure qu'elle parlait ; je me repentais d'avoir osé douter de sa droiture. Cependant, si ses aveux avaient chassé d'un coup toute la peine qui me torturait, le nouvel embarras dans lequel ils me plongeaient m'empêchait de me réjouir autant que je l'aurais dû. Certes, son attitude me comblait, mais que pouvaisje faire ? La garder ici ? Tôt ou tard, Qing Deshun ou son père l'apprendraient, les voisins parleraient, elle ne pourrait rester cachée pendant des années. Le risque était trop grand pour elle, pour moi et surtout pour mon père. Je ne pouvais non plus l'abandonner à son malheur. La situation me paraissait inextricable. Mon père, qui n'avait rien dit depuis le début, continuait à se taire, et je n'osais le questionner. Un silence de plomb nous environnait.

— Chunhe, dit-elle enfin, tu as l'air inquiet. Pourquoi ne réponds-tu rien ? Qu'est-ce qui te tracasse ? Je t'ai tout raconté, tu sais tout, alors maintenant dis-moi, veux-tu m'aider ? Réponds-moi franchement, Chunhe, veux-tu m'aider ?

Sa question acheva de me paralyser. Je posai les yeux sur elle, et, rencontrant son regard sombre et déterminé, qui cherchait la réponse dans le mien, je me sentis éperdu. Je toussai quelques coups pour m'éclaircir la gorge, mais elle était trop serrée ; à peine pus-je balbutier d'une voix nouée :

— Oui, je veux t'aider, mais je ne vois pas comment. Je voudrais bien te garder ici, mais nous sommes trop proches de chez toi. Ça finirait par se savoir. Ici, tout le monde loue ses champs à la famille Qing, on ne pourrait pas leur cacher ta présence bien longtemps.

— Je savais que c'était ça qui t'inquiéterait, dit-elle. Mais j'y ai déjà réfléchi. Si je faisais partie de ta famille, on n'aurait plus rien à craindre.

Elle baissa les yeux, le rose aux joues, avec un petit air timide. Partie de ta famille... Partie de ta famille... Mon sang ne fit qu'un tour, puis il me remonta tout entier dans la tête où je l'entendis qui bouillonnait. Le visage me brûlait. Les yeux me sortaient des orbites, cherchant désespérément où se poser. Elle te demande de l'épouser, battait mon cœur, de l'épouser. Dans le silence qui régnait, on aurait pu entendre une aiguille tomber par terre. Enfin, je réussis à balbutier :

— Yujie, vois où nous vivons. Nous sommes trop pauvres pour...

Elle me coupa la parole :

— La pauvreté ne me fait pas peur. Si je craignais la misère, crois-tu que je serais ici à cette heure, prête à y passer ma vie ? Si j'avais aimé l'argent, il y a longtemps que j'aurais pu me faire épouser par Qing Deshun. Mais les choses sont tout autres. Je suis venue parce que je te fais confiance. Ma vie est entre tes mains, Chunhe. Tu n'as qu'un mot à dire pour me sauver.

Mon père n'intervenait toujours pas, sans doute pour me laisser libre de ma décision. Or, j'étais écartelé entre mon amour pour Yujie et la réalité de notre situation. Mon travail chez maître Qing me rapportait quelques kilos de maïs par mois, et c'était déjà insuffisant pour nous nourrir, mon père et moi. Je ne mettais pas en doute sa sincérité lorsqu'elle prétendait ne point craindre la misère, mais que connaissait-elle de la misère, elle qui avait toujours vécu dans l'abondance et le confort ?

— Yujie, passer la vie dans la pauvreté, tu ne sais pas ce que ça représente. Ce serait au-dessus de tes forces.

Elle m'interrompit d'un air ennuyé :

— Avec toi, je suis prête à tout accepter, Chunhe. Il suffit que tu sois gentil avec moi. Je ne te quitterai jamais, de toute ma vie. Je te suivrai partout où tu iras.

Là-dessus, elle éclata en sanglots en s'effondrant sur le lit et mon père se prit à hocher la tête comme pour l'approuver.

— Si tout ce que je viens d'entendre ne se passait point chez moi, je serais tenté de croire que c'est une histoire inventée par quelque conteur de maison de thé, dit-il enfin. Un autre que toi, mon fils, aurait déjà pris une décision, mais toi, tu hésites, à avoir peur de ci et de là, des uns et des autres. Moi, je suis ému par la force de caractère de cette petite et aussi par la force de son amour pour toi. Ecoute ton vieux père, mon garçon, tu ne pourrais trouver de meilleure épouse.

— Père, tu ne sais pas...

— Si, je sais. Tu as peur que Qing Deshun se venge de nous. C'est ça qui te retient. La peur, la peur ! Toujours la peur ! Ce que j'en dis, moi, c'est que Yujie est une jeune fille qui ne mérite pas que je l'abandonne à son sort au nom de la peur ! Tu pourrais le faire, toi ? Hein, dis-moi ?

Je secouai la tête. Il reprit :

— Non, tu ne le pourrais pas plus que moi. Ce serait par trop manquer de cœur. Alors, si tu ne peux pas prendre une décision, je vais le faire pour toi. Tu l'épouseras, j'en prends la responsabilité, et on verra ce que ce Qing Deshun pourra faire contre moi !

Je ne connaissais point à mon père tant de force et de fermeté. Je le savais bon et vertueux, mais ce soir je le découvrais courageux, et cette attitude me couvrait de honte en me renvoyant à ma propre pusillanimité. J'avais eu, à la vérité, moins peur d'offrir à Yujie une vie de pauvreté que peur d'affronter les représailles de Qing Deshun. Les larmes me vinrent aux yeux. Je me reprochai d'être veule, indigne de la passion de Yujie et de la force d'âme de mon père.

— Papa, tu as raison. C'est ainsi que nous devons nous comporter.

Les yeux baignés de larmes, Yujie vint s'agenouiller devant lui.

— Père, lui dit-elle, vous me sauvez. Jamais je n'oublierai votre bonté.

Il prit sa tête entre ses genoux et lui tapota doucement le dos pour la calmer.

— Allons, ma fille, ne t'inquiète plus, nous allons nous en sortir. Il ne faut plus pleurer à présent que vous voilà fiancés, dit-il. Pour l'instant, il n'est pas possible que vous vous mariiez, mais l'essentiel est que vous soyez engagés. Seulement, il ne faut point compter pouvoir vivre ici comme mari et femme. Le père de Yujie pourrait toujours désavouer votre union et la ramener de force chez lui, auquel cas elle ne pourrait plus échapper aux griffes de Qing Deshun.

— Père, dis-je, que pouvons-nous faire ?

— Etant donné les circonstances, continua-t-il, Yujie doit quitter la région. Tu t'imagines bien, petite, qu'en restant ici, tu t'exposes à la vengeance de Qing Deshun. Ce serait trop dangereux pour nous tous. Pour toi, pour Chunhe et pour moi aussi. Or, je suis trop vieux pour pouvoir affronter sa cruauté. Et pourtant l'idée de ton départ m'inquiète, car je ne vois pas où tu pourrais aller te réfugier. Nous ne connaissons personne. Comment feras-tu pour vivre seule à ton âge ?

— Papa, dit-elle en l'interrompant, ne vous en faites pas pour moi. Regardez...

Elle tira une petite bourse de l'intérieur de sa veste.

— Attends, attends, dit-il, laisse-moi d'abord finir ce que j'ai à dire. J'ai d'abord pensé que Chunhe pourrait partir avec toi, puis j'ai réfléchi que ce n'était pas la meilleure solution. En l'apprenant, ton coquin de père irait tout droit nous accuser de t'avoir enlevée. Ce serait mauvais pour tout le monde ; nous serions obligés de passer le reste de nos jours à vivre sous la terreur et dans la clandestinité. Alors, voilà ce à quoi j'ai pensé : tu vas partir la première et lorsque tu seras installée quelque part, tu nous enverras quelqu'un pour nous dire où tu es. A ce moment-là, Chunhe ira te rejoindre. Fais-nous confiance, nous ne changerons jamais d'idée.

Il passa sa main sous la natte du lit et en tira un petit nécessaire à couture en satin blanc brodé d'une pivoine rouge.

— Tu sais combien nous sommes pauvres, ma fille. Nous ne possédons rien de valeur dans cette maison. Cette petite trousse, c'est la mère de Chunhe qui l'a faite, lorsqu'elle avait ton âge. Je l'ai toujours gardée avec moi, en souvenir d'elle. Prends-la, comme un gage de notre fidélité.

Yujie prit la petite trousse au creux de ses mains et elle leva les yeux vers moi en me souriant timidement. Puis elle ôta un bracelet de son poignet.

— C'est celui que je préfère, dit-elle en me le tendant. Je te le donne, en gage de mon amour.

Enfin, elle ouvrit la bourse en tissu qu'elle avait

tout à l'heure tirée de sous sa veste, pour renverser sur le lit tous les trésors qu'elle contenait.

— Je savais bien que je ne pourrais pas rester au village, aussi j'ai tout emporté. Mes bijoux, mes économies, tout y est. Il y a de quoi nous faire vivre plus d'un an, Chunhe et moi. Sitôt que je serai installée quelque part, je vous enverrai un message.

Brusquement, elle se mit à genoux devant mon père et par trois fois, elle se frappa le front à terre.

— Père, pardonnez-moi de ne pouvoir rester vous servir comme votre fille. Lorsque tout sera passé et que je pourrai enfin rentrer, je m'occuperai de vous avec tout le respect et l'amour que je vous dois. Je vous le promets.

Des larmes plein les yeux, il la prit par les bras et il la releva.

— Il va bientôt faire jour, dit-il. Il faut songer à partir. As-tu une idée de l'endroit où tu peux aller ?

— J'ai tout prévu. Je vais d'abord me rendre à Tianjin où j'ai quelques bons amis et, de là, je trouverai un lieu où m'installer.

Elle se tourna vers moi et me dit doucement :

— Chunhe, prends bien soin de notre père. Où que j'aille, je fais désormais partie de votre famille, et si je meurs, mon âme vivra éternellement auprès de vous. Quelles que soient les épreuves et les difficultés, mes sentiments resteront toujours les mêmes. Fais-moi confiance et attends-moi.

A cette dernière phrase, les larmes jaillirent de ses yeux, et en dépit de la présence de mon père, elle vint se jeter dans mes bras. Je la serrai contre mon cœur en caressant sa tête enfouie au creux de mon épaule, et je la laissai sangloter tout son soûl.

— Allons, mes enfants, dit enfin mon père, la gorge nouée par l'émotion, il faut y aller.

Main dans la main, nous marchâmes vers le fleuve, trop émus pour pouvoir parler ; lorsque nous atteignîmes la berge, je la pris dans mes bras. Blottie contre moi, elle répétait à travers ses larmes :

— Tu m'attendras, dis ? Tu jures que tu m'attendras ?

— Toute ma vie, s'il le faut. Oui, Yujie, je t'attendrai.

Elle noua ses bras autour de mon cou et posa sa tête sur mon épaule ; je sentis son souffle brûlant sur ma peau, son corps frémissant contre mon corps. Mes mains glissèrent sur ses hanches et ma bouche but à sa bouche ses larmes comme un bienfait. Mon corps avait la fièvre, mon sang battait mes tempes en vagues déchaînées. Elle entrouvrit ses lèvres et, à sa langue, la mienne goûta l'éternité. Je ne sais combien de temps nous restâmes enlacés, unis, enchevêtrés. Le temps s'était arrêté.

— Je dois y aller, dit-elle enfin. Prends soin de toi. Je suis à toi, ne l'oublie jamais.

Je la fis taire d'un nouveau baiser. Puis il fallut nous séparer. Je restai sur la berge à la regarder s'éloigner. A chaque pas, elle se retournait pour me faire signe de la main, et lorsque sa silhouette eut disparu dans l'ombre, je me mis à pleurer.

Chapitre 5

C'est dans l'adversité que l'on reconnaît ses vrais amis

Après le départ de Yujie, mon père m'avait engagé à rentrer coucher chez maître Qing, pour ne point éveiller sur nous les soupçons que sa brusque disparition n'allait pas manquer de provoquer.

Le jour n'était point encore levé, j'étais étendu sur ma paillasse avec Yang Xingwang qui ronflait à côté, lorsqu'un terrible vacarme se fit entendre au portail d'entrée. Quelqu'un tambourinait contre la porte, à coups de poing et à coups de pied, en hurlant comme un enragé. Quelque chose de grave devait être arrivé pour qu'il se permît de réveiller le seigneur en pleine nuit. Je pensai de suite à Yujie, puis je me rassurai en me disant que je venais de la quitter et qu'elle était désormais en sécurité. Je me surpris alors à espérer que Qing Deshun ait pu avoir un accident. Je me levai en hâte, un peu inquiet, et je sortis dans la cour, bientôt rejoint par les autres que la sarabande avait réveillés. Personne n'osait sortir voir ce qui se passait sans que le maître l'eût d'abord ordonné. Enfin, les coups cessèrent et les hurlements firent place à de longs sanglots désespérés dans lesquels je reconnus la voix de l'épicier.

— Seigneur, sauvez-moi. Sauvez ma petite fille, ma petite Yujie.

J'entendis dans l'autre cour le maître qui m'appelait et je me précipitai pour voir ce qu'il voulait. Il faisait les cent pas devant l'escalier, les mains croisées dans le dos, les soucils froncés, comme s'il avait soupçonné en entendant les cris du père de Yujie que son fils avait encore provoqué quelque vilaine affaire qu'il allait devoir réparer.

— Fais déguerpir ce chien enragé de devant ma porte, m'ordonna-t-il avant de rentrer chez lui, nerveux et irrité.

Je me dirigeai vers le portail, paniqué à l'idée de devoir affronter le père de Yujie. Je ne pouvais lui révéler la vérité, même pour le rassurer. Odieux comme il l'était, il allait m'accuser de l'avoir enlevée, puis il la ferait chercher, elle serait rattrapée et nos projets ruinés. Je devais donc me taire, sans me laisser émouvoir par ses cris désespérés. Je ne pus cependant me décider à sortir pour le chasser ; espérant qu'il allait finir par se lasser et s'en aller de lui-même, je restai debout sur le seuil à guetter, l'oreille contre la porte, les mouvements qu'il faisait. Au bout de quelques minutes, il cessa net de crier et, pour m'assurer qu'il était bien parti, je tirai doucement le loquet et j'entrebâillai la porte. Quelque chose comme un sac plein poussa le battant pour tomber à mes pieds et, sur le coup, je ne réalisai point ce qui m'arrivait. Mais, lorsqu'en me penchant sur le paquet inerte, je reconnus le corps pâmé de Sun Sanyuan, la panique me saisit et je pris mes jambes à mon cou pour alerter le maître.

— Maître, lui criai-je, Sun Sanyuan a eu un malaise. Il est là, tout raide devant notre porte, qui ne peut plus bouger.

Qing Fu sortit en trombe.

— Il respire encore ? se hâta-t-il de demander.

— Oh oui ! pour ça, il respire. Et fort, même.

— Alors, flanque-le dehors à coups de pied.

Je retournai à la porte et j'allai relever le vieux Sun en lui donnant quelques tapes dans le dos pour le réveiller. Lorsqu'il ouvrit les yeux, il me dit d'une voix qui tremblait :

— Qui es-tu ?

— Je suis Yu Chunhe.

— Ah ! Yu Chunhe ! Le jeune seigneur est-il rentré ?

— Non, on ne l'a pas revu depuis ce soir.

— Comment ? Il n'est pas encore rentré ?

Il voulut se remettre sur ses jambes, mais elles se dérobèrent, et je le rattrapai au vol pour lui éviter de retomber.

Il semblait accablé, diminué, et j'avais beau savoir ce qu'il valait, à cet instant, il me fit pitié.

— Patron Sun, lui dis-je, le mieux est de rentrer chez vous. Sitôt que le jeune maître sera rentré, je lui demanderai de passer vous voir.

— Non, c'est son père que je veux voir, dit-il en me poussant sans grande conviction.

— C'est impossible, le maître est déjà couché, lui dis-je en l'empêchant d'entrer.

— Pousse-toi de là, insista-t-il en revenant à la charge. Je dois lui parler.

Il réussit à m'écarter et il pénétra dans la cour d'un pas vacillant et malaisé. Je me précipitai devant lui pour prévenir le maître de son arrivée.

— Maître Qing ! Il a réussi à entrer !

Depuis l'intérieur de sa demeure, Qing Fu me cria avec colère :

— Ne le laisse pas rentrer dans la maison !

Déjà, il surgissait sur le perron, l'air mauvais et excédé par tant de dérangements. Du haut des marches, il braqua sur Sun un œil intransigeant.

— Qu'y a-t-il de si urgent que tu te permettes de forcer ma porte à cette heure de la nuit ? dit-il, cinglant.

— Maître Qing, ma fille s'est suicidée, dit le vieux Sun en se remettant à sangloter.

— Arrête tes simagrées, hurla Qing Fu. Parle normalement si tu veux qu'on t'entende !

Le vieux se calma net et il se prosterna devant le maître en se frappant lourdement le front par terre.

— Grand seigneur, ayez pitié de moi. Ma fille s'est noyée dans le fleuve. Elle s'est suicidée en se jetant à l'eau. Tout ce que j'ai retrouvé d'elle, c'est une chaussure, qu'elle a dû perdre avant de se noyer.

Lorsqu'il montra en pleurnichant le petit chausson brodé qu'il tenait au creux de sa main, j'eus l'impression de recevoir un coup de bâton sur la nuque, et sous la violence du choc, je m'écroulai par terre, le corps secoué de spasmes nerveux. Ce n'était pas possible, Yujie que, quelques heures plus tôt, je tenais dans mes bras, si chaude, si vivante, ne pouvait reposer à présent, le corps glacé, au fond d'un fleuve.

— Non ! Ce n'est pas possible ! me mis-je à crier.

Les hurlements du maître couvrirent mon cri.

— En quoi ça me concerne, la mort de ta fille ? Que veux-tu que j'y fasse si elle est morte ? tonna-t-il excédé. C'est pour cela que tu viens me déranger en pleine nuit ? Fous-moi le camp ! Déguerpis !

Alertés par le vacarme, mes collègues accouraient les uns derrière les autres, pour prêter main-forte au maître, au cas où Sun Sanyuan lui aurait manqué de respect ; les membres de sa famille, pareillement réveillés, s'étaient eux aussi levés. Bientôt la cour grouilla de monde.

— Seigneur, continua Sun Sanyuan sur un ton servile, rien ne serait arrivé si le jeune seigneur votre fils n'avait voulu l'épouser.

Agenouillé sur les dalles, le vieux renard d'épicier leva un œil en biais sur mon maître, soucieux de mesurer l'effet qu'il allait provoquer. Ce fut un bel effet : les yeux hors de la tête, violet, bouffi de rage au point d'en éclater, Qing Fu se rua sur lui et il l'aurait frappé si dame De ne l'avait retenu par sa manche. Il hurlait à s'en rompre le cou.

— Tu parles comme d'autres pètent, bâtard ! Mon fils, vouloir épouser ta fille ! Te rends-tu seulement compte de ce que tu dis ? Ta fille ! La fille d'un chien, d'un être sans vergogne, d'un dégénéré, d'un dépravé qui a toujours tenté d'entraîner mon fils au vice ! Je sais aussi bien que toi ce qui s'est passé : tu as poussé ta fille à l'attirer dans ses filets en espérant parvenir à le coincer. Tu as joué au pourvoyeur, comme tu l'as toujours fait, et si elle s'est tuée, c'est toi qui l'as tuée !

— Aïe ! aïe ! aïe !... grand seigneur Qing, comment pouvez-vous m'accuser d'une chose pareille ? C'est votre fils qui n'arrêtait pas de me presser de lui donner ma Yujie. Et c'est justement parce qu'elle ne voulait pas de lui qu'elle a préféré se suicider. Si vous ne me croyez pas, allez chercher votre fils et demandez-lui ce qu'il en est. Ce matin encore, il est venu voir la petite, et il a profité de ce que j'étais absent pour essayer de la forcer. Elle qui est si droite, elle s'est fâchée, mais il a insisté et elle a fini par le griffer. Oh ! sans méchanceté, et je voulais l'obliger à s'excuser le soir même. Je l'avais promis au jeune seigneur, et il l'attendait à l'auberge de Qian le Quatrième. Lorsque je me suis aperçu qu'elle s'était sauvée, je suis tout de suite allé le prévenir et il m'a dit qu'on devait la retrouver. Mais avant de partir chacun de son côté, il a demandé à Qian de lui donner une corde et un couteau de boucher. Voilà ce qui s'est passé ; je veux bien que vous me traîniez devant les juges et qu'on me coupe la tête si ce que je dis n'est pas vrai.

Le vieux Sun s'était mis à parler haut et fort aussi, conscient que ses accusations plongeaient Qing Fu dans un embarras plus grand qu'il ne le manifestait :

— Je ne crois pas un traître mot de ce que tu me racontes et je n'ai pas de temps à perdre avec toi, conclut-il. Relève-toi et fiche le camp d'ici avant que je ne perde patience.

— Ma fille est morte à cause de votre fils, hurla Sun Sanyuan en durcissant le ton. Vous ne vous débarrasserez pas de moi de cette façon !

— Cesse de brailler comme un cochon et dis-moi plutôt où est mon fils à cette heure. Où est-il ? Je t'ordonne de me le dire, scélérat !

— Est-ce que je sais où il est ? Hier soir, il a pris par le sud et je suis allé au nord. Seulement, à l'âge que j'ai, après plusieurs kilomètres, je n'avais toujours pas trouvé ma petite fille, alors que mes jambes ne me portaient déjà plus ; je pantelais comme un soufflet de forge. J'ai dû me reposer sur la berge ; mais là, le désespoir m'a pris à la gorge, et je me suis mis à pleurer à quatre pattes dans l'herbe. Oh ! ma petite fille, ma petite Yujie...

Et là, à quatre pattes dans la cour où il n'y avait pourtant point d'herbe, il se reprit à sangloter en se martelant le crâne de coups de poing désespérés.

— Arrête cette comédie ! hurla Qing Fu.

Sun Sanyuan releva la tête et il cessa net de couiner, pour continuer :

— J'ai d'abord remarqué que l'herbe était toute piétinée, comme si on s'y était battu. Les traces descendaient jusqu'au bord de l'eau, des traces de pas désordonnées. Tout autour les bambous étaient cassés ; c'était tout frais, on voyait qu'ils venaient juste d'être écrasés, comme par un corps qui serait tombé. C'est là que j'ai reconnu le petit chausson de Yujie. Elle est morte ! Elle s'est noyée ! Oh ! ma petite fille, ma chère petite fille, je ne te reverrai donc plus jamais ?

Il ouvrit encore la bouche, comme pour crier, mais plus aucun son ne sortit de sa gorge. Ses yeux roulèrent comme des billes, il écarta les bras, et la seconde d'après il s'effondra sur les dalles avec un bruit sourd, la poitrine secouée d'une saccade de râles rauques et voilés.

Li Xiangzi s'approcha de lui pour le relever, mais le maître frappa rageusement du pied pour l'arrêter.

— Traîne-moi ça hors de ma maison et jette-le le plus loin possible. Je vous interdis à tous, vous m'entendez, de le laisser franchir mon seuil à nouveau. Je ne veux plus jamais le revoir chez moi ! Fiche ça dehors !

Au moment même où Li Xiangzi prenait le vieux par le collet, plusieurs coups de heurtoir résonnèrent à la porte d'entrée. Chacun se tut, personne n'osa plus bouger ; la cour était comme pétrifiée. Les coups se répétèrent dans le silence et le maître finit par ordonner à Li Xiangzi d'aller voir qui c'était.

Deux hommes que nul ne connaissait étaient dressés dans l'ombre, encadrant un troisième qui ne semblait plus tenir debout sur ses jambes et qu'ils maintenaient chacun par un bras. Il était couvert de boue ; il avait la tête baissée et comme sa natte était dénouée, ses cheveux pendants lui dissimulaient la figure. Li Xiangzi parut hésiter.

— Qui cherchez-vous ? demanda-t-il.

— Laisse-nous entrer, grogna celui du milieu. C'est moi Qing Deshun.

Sa voix me fit sursauter ; mon cœur se mit à cogner à m'en décoller la poitrine.

Li Xiangzi ouvrit la porte en hâte pour les laisser passer et le piteux cortège fit son entrée au milieu de soupirs de stupeur. Qing Deshun n'avait plus rien d'humain avec sa face tuméfiée par les ecchymoses et balafrée par les griffures, qu'une épaisse croûte de boue et de sang mêlés achevait de défigurer. Il avait l'air hébété, les deux autres étaient obligés de le traîner pour le faire avancer. Pâle comme un linge, Qing Fu descendit les marches de son perron avec précipitation, pour venir saluer les deux hommes.

— Messieurs...

— Avec tout notre respect, dit celui des deux qui portait une barbiche, on vous ramène ce monsieur qui dit être votre fils. On l'a trouvé dans le temple abandonné du Roi-Dragon, près du fleuve. Nous sommes pêcheurs, mon collègue et moi, et, ce matin, comme tous les matins avant l'aube, on a été relever nos filets et on est allés mettre notre pêche au frais à l'intérieur du temple. C'est pour que le poisson ne tourne point au soleil, sinon on a du mal à le vendre au marché. C'est comme ça qu'en rentrant dans le temple, on a trouvé le pauvre jeune homme ficelé au pied de l'autel ; alors, on l'a détaché, et là il nous a dit qu'il était votre fils, et il nous a demandé de le raccompagner jusqu'ici.

— Je vous remercie infiniment d'avoir eu la bonté de secourir mon fils, dit Qing Fu d'une voix qui tremblait. Attendez un instant, je vous prie.

Il rentra dans sa maison et en ressortit avec plusieurs taëls d'argent qu'il leur fourra dans la main.

— Vous boirez quelque chose à ma santé. C'est bien peu en comparaison de ce que vous avez fait.

Ils empochèrent l'argent sans plus de manières, et Qing Fu les raccompagna aimablement jusqu'à la porte. Mais une fois qu'il l'eut refermée sur eux, il revint à pas de charge sur son fils.

— Engeance sans vergogne, gronda-t-il. Une fois encore, tu me couvres de honte ! Regarde dans quel état tu es ! Où as-tu passé la nuit ?

Qing Deshun, l'air piteux, choisit de se faire tout petit.

— Je suis allé boire un verre à l'auberge de Qian le Quatrième, balbutia-t-il d'une voix hésitante et doucereuse. Puis j'ai eu envie de faire quelques pas sur la berge du fleuve. C'est là que, sans savoir comment, un homme a surgi derrière moi pour me frapper un grand coup sur le crâne. J'ai aussitôt perdu conscience et je me suis réveillé ligoté dans le temple du Roi-Dragon. Bien sûr, il m'avait dévalisé.

Qing Fu ne fut pas dupe.

— Tu t'imagines que je vais croire à tes sornettes, pauvre idiot ? Ainsi, tu t'es fait assommer par un coupeur de bourse ! Montre un peu ta bosse ! Tiens, comme c'est étrange, tu n'en as pas ? Pas même une petite égratignure sur le crâne ! ironisa-t-il en faisant mine de chercher les stigmates dans la chevelure de son fils.

— Et même, continua-t-il, si un brigand t'avait dérobé ton argent, quel besoin aurait-il eu de te ligoter dans un temple, alors que tu étais évanoui ? Tu me prends pour un imbécile, dis ?

Qing Deshun ouvrit la bouche pour se défendre mais son père le réduisit au silence d'un revers de main.

— Tais-toi ! Je ne veux plus t'entendre pour le moment. J'aurai une explication avec toi un peu plus tard, lorsque cette crapule de Sun Sanyuan sera partie d'ici.

Car dans toute cette affaire, le vieux Sun était toujours étendu sur le sol.

Il rouvrit un œil en entendant prononcer son nom et, découvrant le jeune seigneur dans la cour, il pointa un doigt vengeur sur lui, en criant à son père :

— Il est rentré maintenant. Demandez-lui d'où il vient. Vous verrez s'il n'a pas passé la nuit à traquer ma petite fille.

Qing Deshun changea de figure, et il prit un ton plein de morgue :

— Qu'est-ce que tu racontes là, vieille fripouille ? J'ai bien d'autres choses à faire qu'à m'occuper de ta fille !

— Menteur ! hurla Sun Sanyuan. A quoi vous sert de nier la vérité, j'ai déjà tout raconté. Hier soir, à l'auberge de Qian le Quatrième, vous avez commencé par m'accuser d'avoir caché ma fille pour ne point vous la donner ; vous m'avez tant insulté et menacé que j'en ai eu un malaise et que je suis tombé raide. Lorsque enfin vous avez vu que ma petite Yujie s'était vraiment sauvée, vous m'avez demandé d'aller la chercher en direction du nord pendant que vous-même iriez vers le sud. Maintenant, devant votre père, vous niez la vérité, mais je me battrai jusqu'à la mort s'il le faut pour qu'elle soit révélée. Je n'ai plus rien à perdre.

D'un bond, il se rua sur Qing Deshun, mais celui-ci le vit venir ; il lui lança un grand coup de pied dans les côtes, et le vieux, cassé en deux, boula par terre en glapissant de douleur.

— Tu te conduis comme un bandit, Sun Sanyuan, hurla Qing Deshun. Tu cherches à me calomnier, mais tu n'es qu'un chien, et je te ferai taire comme on fait taire les chiens !

— Je comprends, gémit le vieux, pourquoi on dit partout que vous êtes un loup et pourquoi tout le monde me déconseillait de vous donner ma fille. Aujourd'hui enfin je sais qui vous êtes : une crapule !

Il tremblait de la tête aux pieds et serrait si fort les dents que de là où j'étais, je pouvais les entendre grincer.

— Calomnies ! hurla Qing Deshun. Ta fille a fichu le camp, ça, c'est vrai. Mais je n'ai rien à y voir, vieil imbécile ! C'est avec un autre qu'elle a tout manigancé.

Alors, au lieu de m'insulter comme tu le fais, tu ferais mieux de t'adresser à l'intéressé.

Il marcha vers moi et, avant même que je ne comprisse ce qui m'arrivait, il écrasa sur ma poitrine un doigt accusateur.

— Vois-le qui te regarde faire ton numéro depuis le début. Tu le reconnais ? Apprends donc que c'est pour lui que ta fille s'est sauvée. Et ce n'est pas tout : avant son départ, elle l'a retrouvé chez son père et, en présence du vieux, ils se sont fiancés. Ah ! triompha-t-il, tu ne savais pas ça ? Demande-le-lui, si tu ne me crois pas.

J'aurais voulu prendre mes jambes à mon cou mais je restai cloué, pétrifié, par tous les regards qui, d'un coup, avaient convergé sur moi. Je reculai malgré moi, la tête prise dans un tourbillon où je voyais Yujie noyée, moi emprisonné, mon père chassé et affamé. Qing Fu me demanda :

— Chunhe, je sais que tu es honnête, et j'ai confiance en toi. Ce que dit mon fils est-il vrai ? Tu peux parler sans crainte, dis-moi la vérité.

Je baissai la tête, sans pouvoir répondre, et malgré tous les efforts que je faisais pour paraître calme, devant le gouffre sans fond au bord duquel je me voyais, je ne pus réprimer ni les violents soubresauts qui m'agitaient le corps, ni les larmes qui sourdaient de mes yeux égarés. Me voyant dans cet état, le maître, qui m'estimait, n'insista pas dans l'immédiat.

— Es-tu en mesure d'affirmer que ta fille s'est réellement noyée ? demanda-t-il à Sun Sanyuan.

— Seigneur, pleurnicha le vieux, comment pouvez-vous en douter ? Il ne reste plus d'elle que cette petite chaussure que j'ai retrouvée au bord du fleuve. N'est-ce pas la preuve qu'elle est bien morte ?

Il ressortit le chausson brodé et Qing Deshun, en le voyant, eut un sursaut de stupeur.

— Morte ? dit-il.

J'éclatai en sanglots ; il eut un rire mauvais en me lançant à la figure :

— Si elle est morte, tant mieux, j'aurai enfin la paix !

Il fanfaronnait. Sa bouche pouvait mentir, mais je vis ses mains qui tremblaient et il dut s'asseoir sur les marches, car il chancelait. Son père marchait de long en large, les bras dans le dos, les sourcils froncés. Sun Sanyuan pleurait. Les autres se taisaient. La douleur et la peur m'étouffaient. Je voulais voir mon père. Profitant d'un moment d'inattention, je sortis de la cour et je me faufilai par la porte de derrière, conscient que, par ma fuite, je m'accusais.

Je courus comme un fou jusque chez moi et je me jetai en hurlant dans les bras de mon père qui était déjà couché. Il se leva et me demanda ce qui était arrivé en me berçant contre lui comme on fait d'un enfant.

Lorsque je lui eus tout raconté, il dit :

— Je me demande comment Qing Deshun a pu être au courant de la venue de Yujie, et pourquoi elle se serait suicidée. Je ne sais ce qui a pu se passer, mon fils, mais tu ne dois pas te mettre dans cet état. N'aie pas peur, quoi qu'il advienne, je suis à tes côtés.

— Papa, crois-tu que je puisse encore rester chez les Qing ?

— Non, mon garçon. Tu vas devoir quitter la région, toi aussi, et le plus tôt sera le mieux. Tu ne peux plus rester ici ; les ennuis ne font que commencer. Autant que je sois seul pour les affronter.

— Non, papa, je ne peux pas te laisser. C'est par ma faute que tout est arrivé.

Je l'étreignis à l'en briser. Il était tout ce qui me restait au monde ; je ne pouvais me résoudre à le quitter.

— Moi non plus, je n'ai pas envie que tu me quittes, dit-il en devinant mes pensées. S'il y avait le moindre espoir que la situation s'apaise, je ferais tout pour te garder auprès de moi. Il faut être raisonnable. Tu es jeune, tu as la vie devant toi. Ce n'est pas comme moi qui suis vieux, malade et fatigué. Pour moi, plus rien n'est important, j'ai vécu ma vie, mais toi, tu ne dois pas laisser ce chacal de Qing Deshun briser la tienne et, pour ta sécurité, tu dois partir d'ici.

Père était calme et décidé, prêt à se sacrifier pour que j'échappasse au danger. Il pensait à ma sécurité mais tout ce qui m'apparaissait, c'était qu'après ma fuite, je ne le reverrais certainement jamais. C'était plus que je n'en pouvais supporter.

— Non, papa, je ne partirai pas. On verra bien ce que Deshun pourra contre moi. Je me battrai jusqu'au bout. Que m'importe ma vie, tout ce que je veux, c'est rester auprès de toi.

— Si tu m'aimes vraiment, mon fils, tu dois m'écouter. En restant ici, tu nous mets tous les deux en péril. La situation est plus grave que tu ne crois et ce n'est pas le moment de faire l'enfant. Il faut regarder les choses en face. Tu ne peux pas rester ici plus longtemps.

Il prit un air sévère ; jamais encore il ne m'avait parlé avec autant d'autorité. Mais je lus, sous le masque de fermeté que son visage tentait de composer, la même infinie détresse que je lui avais vue lorsque ma mère nous avait quittés. Je pris ses mains entre les miennes.

— Papa...

Quelques coups précipités contre la porte nous firent sursauter. Je me levai d'un bond et, essuyant mes larmes à la manche de ma veste usée, j'allai voir qui c'était.

Sun Sanyuan m'apparut sur le seuil ; nous restâmes un moment à la porte, sans parler, à nous fixer d'un regard plus accablé qu'hostile. Il dut s'appuyer au chambranle pour ne point chanceler, tellement tout son corps tremblait.

— Yu Chunhe, qu'as-tu fait de ma fille ? demanda-t-il enfin d'une voix blanche, en détachant les mots un à un, comme si un bouquet d'épines lui avait griffé la gorge chaque fois qu'il parlait.

— Patron Sun, ne restez pas dehors. Entrez vous asseoir. Je vais tout vous raconter.

Je le poussai doucement à l'intérieur de la maison, mais il me bouscula d'un geste brutal.

— Misérable ! De quel droit as-tu pu...

— Patron Sun, l'interrompit fermement mon père. Il ne sert à rien de s'énerver. Je vais vous dire ce qui s'est passé, et après vous jugerez. Je n'avais jamais vu votre fille jusqu'à hier où elle est arrivée chez moi, affolée, désespérée. Chunhe était absent. Elle s'est jetée à mes pieds en me suppliant de la sauver, sanglotant et balbutiant des paroles auxquelles je ne comprenais rien. Je l'ai laissée se calmer puis je lui ai demandé de me dire ce qui la mettait dans cet état. Elle m'a alors expliqué que le plus jeune fils des Qing voulait abuser d'elle et qu'elle était en danger ; et elle m'a supplié de l'aider. Sur le coup, je n'ai pas bien vu ce que je pouvais faire pour elle, puis Chunhe est rentré. A nouveau, elle lui a tout raconté, et elle lui a demandé de la garder avec lui pour la sauver. Vous connaissez mon fils, ce n'est pas un audacieux ; il a commencé par refuser, et elle lui a répondu que dans ce cas elle préférait encore se tuer. Elle m'a fait de la peine. J'avais beau ne pas la connaître, je ne me sentais pas le cœur de l'abandonner. Seulement, comme je le lui ai expliqué, je ne pouvais pas la cacher chez moi en espérant que personne ne l'apprendrait. C'est alors qu'elle-même a proposé de se marier avec Chunhe. Il lui a dit qu'on était trop pauvres, mais elle a tellement insisté et supplié que j'ai fini par accepter de les laisser se fiancer. Je lui ai dit que, pour le mariage, il faudrait attendre que les choses se soient apaisées et que rien ne se ferait sans votre consentement. Patron Sun, voulez-vous me dire ce que j'ai fait de mal en agissant ainsi ?

Sun Sanyuan ne répondit point, et mon père reprit :

— Là-dessus, elle est partie. Ce qui a pu se passer après, je n'en sais rien.

— Imposteur ! hurla enfin le vieux Sun. Donner ma fille à un foutriquet comme toi ? Jamais ! Tu m'entends, jamais ! Rends-la-moi ou je te tue !

Il voulut se jeter sur moi, tel un chien enragé, mais je fis un bond sur le côté, et sa tête alla heurter le mur avec un bruit sourd. Il fut un peu sonné.

Au même moment, la porte d'entrée s'ouvrit brusquement, et nos regards convergèrent tous dans la même direction. Yang Xingwang se tenait sur le seuil, les jambes écartées, les poings sur les côtés, farouche et puissant comme un guerrier. Avec sa longue natte rejetée dans le dos, le devant de son crâne parfaitement rasé, sa barbe de jais et ses sourcils épais, il me fit l'effet de sortir droit d'un opéra, et je m'attendis presque à le voir se mettre à chanter. Mais lorsqu'il ouvrit la bouche, ce fut pour apostropher l'épicier :

— Patron Sun, je me tiens dehors depuis un moment et j'ai entendu ce que t'a dit Yu Deshui. Toi seul est responsable de ton malheur. Avant d'accuser les autres, réfléchis plutôt à ce que tu as manigancé avec Qing Deshun. Te rends-tu compte de ce que tu as fait ? Tu étais prêt à vendre ta fille à ce dégénéré. Crois-tu que tu mérites encore le nom de père ? Non, tu ne mérites pas même celui d'homme ! Comment pouvais-tu imaginer que Qing Deshun allait épouser ta fille ? Tu croyais vraiment que le vieux Qing allait accepter ? Tu rêves, Sun Sanyuan ! Dans toute la région, son fils est connu comme la peste. Combien de filles ne sont-elles pas tombées dans ses filets ? En a-t-il épousé une seule ?

Non ! Quand il en a bien profité et qu'elles ne l'amusent plus, il les chasse d'un coup de pied ! Mais toi, tu étais trop ébloui par sa fortune pour voir cela ! Ta petite, heureusement, n'était pas aussi bornée et cupide que toi. Elle a tout de suite compris à quel loup elle avait affaire, malgré qu'il se fût mis sur la figure un masque d'agnelet. Elle ne s'est pas laissé abuser par ses cajoleries et, lorsqu'elle a compris que tu t'étais arrangé avec lui pour la piéger, elle a préféré se sauver. Et c'est ici qu'elle est venue chercher secours, car elle savait qu'elle pouvait avoir confiance en Chunhe et en son père. Effectivement, ils l'ont aidée, pour ne point la voir se suicider. Tu devrais les remercier mais, au lieu de ça, tu les insultes et tu veux les frapper. Tu ne pourras donc jamais te comporter en homme digne de ce nom ? Je te le dis, Sun Sanyuan, ce n'est pas aux honnêtes gens qu'il faut demander des comptes à présent. Va plutôt trouver celui qui t'a entraîné dans ce drame. Ce serait le diable si, habile comme tu es à tirer profit de tout, tu n'arrivais pas à obtenir une petite compensation au malheur qui vient de t'arriver. Tu n'as rien à chercher ici, va-t'en !

Plus pâle qu'un mort, Sun Sanyuan garda la tête baissée, tout le temps que Yang Xingwang parla, puis il se leva en vacillant, plus voûté et ratatiné que jamais.

— Tu as raison, dit-il enfin en sanglotant. Je m'en vais. Le seul coupable, c'est moi. C'est moi qui l'ai tuée.

Il sortit de chez nous en titubant comme un homme ivre, et Yang Xingwang éclata d'un rire qui me parut indécent.

— Il n'a que ce qu'il mérite, dit-il comme pour se justifier. Chunhe, ce que tu as entendu tout à l'heure chez les Qing n'est qu'un début. Tu aurais tort de croire que l'affaire va en rester là. Ils sont capables de tout, et tu dois partir d'ici si tu veux échapper à leur méchanceté.

— Je sais, oncle Yang, dis-je avec résignation. C'est ce que mon père pense, lui aussi. Et pourtant, je préfère m'exposer au danger en restant ici plutôt que de l'abandonner.

— Chunhe, continua Yang Xingwang, tu me fais confiance, n'est-ce pas ? Tu sais que je ne laisserais jamais ton père dans le besoin. A partir d'aujourd'hui, c'est moi qui vais m'occuper de lui, aussi bien que tu l'as toujours fait. Et si jamais il venait à disparaître en ton absence, puisque c'est ce qui te tracasse, je le sais, sois sûr que je me chargerai de tout à ta place. Allez, ne pense donc pas à cela et dépêche-toi plutôt de rassembler tes affaires. Pendant ce temps-là, je vais passer voir les collègues et réunir un peu d'argent pour ton voyage. Je n'en aurai pas pour longtemps. Il faut qu'avant l'aube, tu sois parti.

Chapitre 6

Le coup fatal du destin

Ainsi, j'avais tout perdu en une nuit de drame : Yujie, mon père, mes amis, ma terre, et le sombre destin vers lequel je m'enfonçais allait bientôt m'engloutir comme les eaux du fleuve où ma bien-aimée s'était noyée. Le malheur sur moi se refermait, comme les arbres de la forêt où j'étais entré à l'aube, sans savoir où j'allais. Je marchais, je marchais comme un automate, les membres raides, les yeux écarquillés, seulement porté par la tension nerveuse qui m'animait, la tête vide de pensées. L'après-midi était bien avancé que j'errais encore parmi les arbres, paniqué à l'idée de devoir passer la nuit en plein bois. Aussi, malgré ma fatigue, j'accélérai le pas et, au bout de quelques heures, je trouvai enfin une route, puis une auberge. Je m'y arrêtai ; je m'affalai à une table, harassé, accablé, affamé et, tout en avalant un bol de nouilles, j'appris que je me trouvais à quelques centaines de mètres seulement de la porte Chaoyang, à l'est de Pékin. Le destin, toujours lui, savait ce qu'il faisait en me conduisant là, mais moi, je l'ignorais.

Lorsque j'entrai dans la ville, le soir était tombé ; aux façades des boutiques, les dernières lanternes s'éteignaient, les portes se barricadaient, les rues se vidaient, et je me demandais où j'allais passer la nuit.

Au hasard, je m'engouffrai dans les ruelles à la recherche d'un coin abrité où pouvoir m'allonger. Lorsqu'un veilleur de nuit frappa sur ses planchettes de bambou évidé en annonçant la deuxième veille, une porte cochère ouverte sur une cour vide sembla m'inviter au sommeil. Je restai un moment à épier les mouvements du lieu et, ne voyant personne ni sortir ni entrer, je tirai ma couverture de mon balluchon et je me recroquevillai dans un coin, à l'abri de la poussière et du vent. Dès l'aube du lendemain, je décidai de me mettre en quête d'une occupation. Je pouvais vivre quelques jours avec la petite somme que Yang Xingwang avait rassemblée, mais quelques jours étaient vite passés et je ne devais point tarder.

Avisant deux vieillards qui discutaient, accroupis au bord de la rue, je les abordai.

— Bonjour, grands-pères. Je viens d'arriver dans la ville et je cherche du travail. Ne connaissez-vous point quelqu'un dans le quartier qui engagerait un apprenti ?

L'un d'eux pointa le doigt vers le sud-ouest.

— Si tu cherches du travail, me dit-il, c'est dans l'avenue du marché aux chevaux qu'il faut aller. Tu vas passer sous la porte de Dongsi et, en continuant toujours vers l'ouest, tu vas tomber sur une grande avenue. C'est là que les patrons recrutent leurs ouvriers. Tu peux toujours aller voir.

Je les remerciai et, mon balluchon sur l'épaule, je filai vers le marché aux chevaux d'un pas décidé. Effectivement, comme dans la grand-rue du village de Yangxin aux jours de foire, je trouvai des groupes d'hommes plantés de chaque côté d'une avenue, et je m'approchai d'un grand gaillard au visage tanné, vêtu d'une longue robe de coton bleue à ceinture noire, qui attendait debout, les pieds légèrement écartés, les bras croisés sur la poitrine. Je le saluai en joignant les deux mains devant moi et je lui demandai :

— Grand frère, pourriez-vous me renseigner ? Je cherche du travail pour une courte période et je ne sais à qui m'adresser.

— D'où viens-tu ? me dit-il sèchement en me toisant de la tête aux pieds.

— De Tongzhou, dis-je en mentant.

— Tu as de la famille ou des amis à Pékin ?

— Non, je viens d'arriver.

— Dans ce cas, ce n'est pas la peine de chercher à travailler. Personne ne t'emploiera si tu n'as pas quelqu'un ici pour te cautionner.

Je restai comme un imbécile à fixer l'homme, la bouche bée, abasourdi d'apprendre que dans la capitale il était si compliqué de pouvoir travailler ; chez nous, à Yangxin, il suffisait d'avoir deux bras et du courage, et ni l'un ni l'autre ne manquait.

— Grand frère, repris-je d'une voix suppliante, peut-être pourriez-vous vous porter garant pour moi. Je suis honnête et sérieux, vous pouvez me faire confiance.

Il éclata de rire.

— Ce n'est pas possible, mon pauvre ami ; je suis moi-même cautionné par un autre. Ma garantie n'aurait aucune valeur auprès d'un employeur. Il faut que tu trouves quelqu'un qui vit à Pékin ou qui y tient commerce, sans cela, tu ne travailleras jamais.

La gorge nouée, le cœur serré, je resongeai à ce jour de déluge où mon père était rentré les mains vides après des semaines d'efforts et de vaines tentatives, et je compris d'un coup le désespoir qui l'avait accablé. En cet instant, j'éprouvais le même. La ville était un piège, et je sentais déjà le courage me manquer pour affronter les difficultés. Je quittai le marché aux chevaux et, en traînant le pas, je rebroussai chemin vers la porte de

Dongsi. Je passai cette première journée à errer sans but, à regarder, à écouter, à sentir vivre cette cité bruyante et colorée dont le seul nom avait fait rêver l'enfant que j'étais et qui m'apparaissait à présent si hostile et si fermée ; étrange prémonition, je m'en sentais déjà prisonnier.

Recroquevillé contre une porte, je passai une partie de la nuit à pleurer.

Au quatrième jour de recherches stériles et de nuits à coucher dans la rue, l'espoir de trouver un travail m'avait abandonné. La petite provision d'argent collectée par Yang Xingwang s'épuisait ; j'allais bientôt être réduit à la mendicité.

Je traînais dans la ville une journée longue comme une année lorsque, soudain, mon attention fut attirée par une foule attroupée devant l'échoppe d'un prêteur sur gages. Je m'approchai pour voir ce qui se passait.

— Il faut vraiment être tombé bien bas pour en arriver là, dit quelqu'un à côté de moi.

— Il suffit d'être tombé dans la misère, reprit un autre en hochant la tête. La misère, ça peut faire faire n'importe quoi.

Me faufilant parmi la foule, je m'approchai au plus près que je pus et je me dressai sur la pointe des pieds pour regarder à l'intérieur de la boutique : un homme d'une trentaine d'années gisait dans une flaque de sang, blessé au ventre apparemment, puisque le bas de sa veste et l'entrejambe de son pantalon étaient tout ensanglantés. Je pensai à une agression ; un couteau traînait à côté.

Deux fonctionnaires étaient penchés au-dessus de lui, discutant avec un troisième homme, vêtu d'une robe gris-bleu et d'un gilet noir, avec, sur le crâne, une petite calotte hémisphérique. Il me fit un drôle d'effet sans que je pusse exactement dire pourquoi.

Une calèche arriva, et les deux fonctionnaires repoussèrent la foule pour la laisser passer. Ils y engouffrèrent le jeune homme blessé et l'homme à robe grise monta auprès du cocher :

— Chez Liu-la-Fine-Lame, à côté de la briqueterie, lui ordonna-t-il.

La calèche partie, la foule se dispersa et j'allais continuer ma route sans avoir compris ce qui était arrivé, lorsque à côté de moi, un enfant demanda au vieillard qui lui tenait la main :

— Que s'est-il passé, grand-père ?

Je restai auprès d'eux pour écouter :

— Bah ! Un traîne-misère du quartier qui était venu engager une vieille chemise. C'était une loque, et le prêteur n'a pas voulu lui donner l'argent qu'il demandait. Alors l'autre a hurlé que s'il refusait sa chemise, il n'avait plus qu'une chose à engager, et il a pris son couteau pour se trancher le robinet. Puis il l'a jeté tout sanguinolent sur le comptoir, et il s'est couché par terre, lui disant que c'était ce qu'il avait de plus précieux et qu'il en voulait une bonne somme. Avec tout le sang qu'il a perdu, le prêteur est bien embêté maintenant ; d'autant qu'il y avait justement des agents de la sécurité qui traînaient dans le quartier. Tu les as vus, ce sont ceux qui l'ont emmené chez Liu-la-Fine-Lame.

— C'est qui, Liu-la-Fine-Lame ?

— Le meilleur castrateur de toute la ville, pour sûr. C'est lui qui a opéré la plupart des eunuques qui servent au palais de l'empereur.

— Tu crois qu'il va pouvoir guérir, celui qui saignait ?

— Le guérir, c'est beaucoup dire. Il va achever de tout lui couper et l'autre n'aura plus qu'à aller faire l'eunuque. Mais tout ça, mon garçon, c'était bien préparé. Ce n'est pas par hasard que les trois autres se trouvaient justement sur place à ce moment-là. A mon avis, ils étaient tous de mèche avec Liu-la-Fine-Lame, même celui qui se l'est coupée.

— Où est l'intérêt ? demanda le petit garçon.

C'était aussi ce que je me demandais, et le grand-père répondit à notre interrogation :

— Liu est en cheville avec les fonctionnaires du palais. En grande partie, c'est lui qui leur fournit les eunuques. Je parierais que le jeune homme qui baignait dans son sang était volontaire, mais que Liu l'a obligé à jouer toute cette mise en scène pour faire chanter le prêteur sur gages. Ils vont pouvoir dire que c'est par sa faute que l'autre a été obligé de se faire eunuque, et lui réclamer de l'argent en dédommagement, tu comprends ? C'est malheureusement de plus en plus fréquent, et c'est le signe de la décadence des temps.

Il tira son petit-fils par la main et il partit en continuant de maugréer contre cette société dépravée. J'allai m'asseoir un peu plus loin, secoué par la scène à laquelle je venais d'assister, découvrant stupéfait jusqu'où la misère pouvait mener.

J'étais ainsi perdu dans de sombres pensées, lorsque je crus entendre qu'on m'appelait :

— Yu Chunhe ! Yu Chunhe !

Je relevai la tête, et quelle ne fut pas ma surprise de découvrir devant moi Qian le Quatrième, celui qui tenait une auberge dans le bourg de Yangxin.

— Oncle Qian ! m'écrai-je dans un élan. Que faites-vous ici ?

— Ah ! Yu Chunhe ! C'est bien toi, je ne me suis pas trompé, dit-il avec enthousiasme. Je t'avais aperçu de loin, mais je n'étais pas sûr. Je n'ose pas en croire mes yeux, dis ! Enfin, je t'ai trouvé !

— Comment ça, vous m'avez trouvé ? lui demandai-je avec inquiétude. Vous me cherchiez ?

— Du tout, du tout ! se reprit-il aussitôt. Je suis là pour affaires. C'est vraiment par hasard qu'on se retrouve. J'ai dit « je t'ai enfin trouvé » histoire de dire quelque chose. Tu vis à Pékin depuis longtemps ?

Il avait beau prendre un air dégagé, sa précédente phrase lui avait visiblement échappé et, du coup, j'eus des doutes sur le hasard de notre rencontre. Qing Deshun fréquentait sa maison ; l'aurait-il envoyé à ma poursuite ? Je devais me méfier.

Il était flanqué d'un homme que je ne connaissais point, un petit avorton au visage long et pointu comme un museau de rat, mais avec un nez épaté aux narines béantes et retroussées. Ses paupières inférieures étaient si tombantes qu'elles lui faisaient des yeux en triangle ; il avait le blanc de l'œil jaune et le teint pisseux.

Qian le Quatrième vit que je le dévisageais.

— Tu ne connais pas mon ami Lang le Sixième ? dit-il en posant une main sur l'épaule de l'affreux gnome à face de rat. C'est comme un frère pour moi.

J'esquissai un geste de salutation.

— C'est Yu Chunhe, un gentil petit gars de mon village, dit-il de moi. Allez, c'est pas le tout. Il commence à se faire tard. Si on allait manger un petit bout tous les trois ?

Je cherchai un prétexte pour refuser son invitation ; mais déjà il m'empoignait par le bras et Lang soulevait mon balluchon.

— Je vous en prie, monsieur, dis-je vivement. Je peux porter mes affaires moi-même.

Je voulus lui reprendre mon bien mais il s'y cramponna en disant :

— Ne faites pas de manières, je peux bien vous donner un coup de main.

Qian m'entraîna, et je n'eus pas le courage de résister davantage. Ensemble nous entrâmes dans un restaurant où ils commandèrent un pichet d'alcool chauffé, quelques brioches farcies et deux plats de viande. J'étais si mal à l'aise en leur compagnie que je bus à peine et ne touchai pas plus aux plats.

— Dis-moi un peu pourquoi tu es parti de chez Qing Fu, me dit brusquement Qian. Tu avais un bon travail et le vieux maître t'aimait bien.

— Le jeune maître n'était pas satisfait de mes services, répondis-je, laconique.

— Et ici, tu as trouvé du travail ?

— Non, pas encore, dis-je en baissant la tête.

— Tu as l'intention de revenir au village, alors ?

— Non, mais pour trouver du travail ici, il faut être présenté par quelqu'un qui y habite et le problème, c'est que je ne connais personne. Et vous, oncle Qian, vous connaissez des gens ici ?

— J'en connais des tas, mon garçon ! Des tas !

— Et parmi eux, ne s'en trouverait-il pas un qui pourrait me proposer du travail ? demandai-je fébrilement.

— Ce serait le diable si je ne te trouvais pas ça dans les jours qui viennent. Laisse-moi réfléchir. J'ai bien cet ami qui travaille dans le palais d'un prince... J'irai le voir demain, et je lui demanderai s'il peut quelque chose pour toi.

— Ce serait merveilleux, oncle Qian, mais où vais-je vous retrouver, demain ?

— Où habites-tu ?

— Je... c'est-à-dire que pour l'instant, je n'ai pas encore d'endroit précis. Tous les soirs, je trouve un porche pour passer la nuit, avouai-je un peu honteux.

— Pourquoi ne pas l'avoir dit plus tôt ? Ce soir, tu es notre hôte ! Tu partageras notre chambre.

Naïf comme j'étais, je ne vis que chaleur et gentillesse là où seules la fausseté et la scélératesse se cachaient. Tout autre que moi se serait méfié de tant de gracieuse obligeance de la part d'un individu dont la réputation de sombre canaille était notoirement connue dans la région mais, dans mon innocence, je n'imaginais point que, pour quelques taëls d'argent, il avait pu jurer de me perdre. Aussi arrivai-je, sans grande peine, à me convaincre que mes premiers soupçons étaient infondés, et lorsque nous sortîmes de table avec son compère, j'eus envie de leur avouer les pensées insensées qui m'avaient effleuré à leur sujet pour qu'ensemble nous en riions.

Les jours suivants, ils s'occupèrent de moi comme de leur petit frère ; je vivais à leurs frais, je logeais avec eux, et Lang le Sixième me faisait visiter la ville ou m'offrait le restaurant, cependant que Qian le Quatrième prétendait prendre contact avec ses amis pour me trouver un bon travail. Avec un tel soutien, je me sentais confiant ; même Lang le Sixième, qui m'avait paru si déplaisant avec sa tête de musaraigne, je le trouvais désormais charmant. Ils faisaient tant pour moi, et le soir, lorsque Qian nous rejoignait, fatigué d'avoir couru la ville en quête de ses relations, je bénissais le Ciel d'avoir mis sur ma route un si fidèle compagnon. Cette charogne se donna certes du mal, car j'imagine qu'il ne lui fut point aisé d'approcher les prétendus amis qu'il devait contacter. En fait d'amis, il s'était mis à fréquenter le réseau de trafiquants d'enfants que chapeautaient Han Zaokui et son baron Bi le Cinquième, celui qui, d'un habile coup de lame, transformait tous les garçons piégés en serviteurs du palais impérial.

Après que Qian les eut arrosés chacun d'une dizaine de taëls d'argent, ils avaient fini par s'entendre à mon sujet et, un jour, il est rentré m'annoncer triomphant :

— Tout est arrangé. Je t'ai enfin trouvé du travail !

— Est-ce vrai, oncle Qian ? Je commence quand ?

Je travaille où ? Je fais quoi ? criai-je en sautant de joie.

— Tu peux dire adieu aux soucis, dit-il en réponse à mes questions. Non seulement tu seras logé et nourri, mais, tous les mois, tu recevras une petite somme d'argent que tu pourras envoyer à ton père, si tu veux.

— C'est vrai ? dis-je avec une envie folle d'embrasser ce scélérat.

— Comment ça, c'est vrai ? Ai-je l'habitude de raconter des histoires ?

— Je commence quand ?

— Ne sois pas si pressé. Demain, je vais déjà t'emmener chez mon ami, celui qui travaille chez un prince, pour te présenter à lui. Tu devras être très poli, te comporter avec lui comme avec un maître et dire oui à tout ce qu'il te demandera. C'est très important si tu veux obtenir le travail. C'est lui qui va t'enseigner tout ce que tu devras faire.

— Le métier est-il si compliqué qu'il faille un maître pour me l'enseigner ?

— Sans être très compliqué, c'est un travail qui nécessite un petit apprentissage. Ce n'est toujours pas moi qui vais pouvoir t'apprendre à te conduire dans un palais ou une résidence de prince, je n'y ai jamais mis les pieds. Il te faut un maître qui connaisse le métier. Mais pourquoi t'inquiéter ? Fais ce que je te dis et tout ira bien.

Le piège sur moi doucement se refermait, et rarement proie fut plus pressée que moi de se jeter dans l'attrape qu'on lui tendait.

Chapitre 7

Ma castration forcée

Le lendemain, Qian le Quatrième me réveilla à l'aube pour me conduire auprès de ce fameux ami qui travaillait chez un prince et qui, en vérité, n'était autre que Han Zaokui, l'un des maquignons du palais.

La résidence princière, située à proximité de la porte Xisi, non loin du marché aux poteries, était ceinte d'un mur gigantesque percé sur sa face ouest de trois grandes portes rouges, au centre desquelles des têtes de lion dorées serraient dans leurs gueules des anneaux de heurtoirs. Devant les deux portes latérales, des bittes de bois empêchaient les voitures d'entrer et devant celle du milieu, que seul le prince pouvait emprunter, des gardes armés de fusils se tenaient en faction, prêts à tirer. J'étais impressionné, et je le fus davantage lorsque Qian le Quatrième m'apprit que ce petit palais était celui du prince Ding de la famille impériale ; mais lorsqu'en plus, je l'entendis demander à l'un des gardes de bien vouloir avertir Han Zaokui de notre arrivée, je fus béat d'admiration de constater qu'il avait effectivement de si notables relations. Un homme sortit, quelques instants après, vêtu d'une robe gris-bleu surmontée d'un gilet noir et coiffé d'une petite calotte, à la manière de celui qui avait évacué le blessé de la boutique du prêteur sur gages. Il me fit lui aussi le même effet curieusement déplaisant, et pourtant il était aussi long et sec que l'autre était trapu. Ce n'était pas une question d'habillement non plus, mais peut-être cette impression bizarre qu'ils donnaient l'un et l'autre de se trouver en face d'une femme entre deux âges.

Qian le Quatrième se pressa vers lui en se courbant obséquieusement.

— Dépêche-toi de venir saluer maître Han, dit-il en me tirant par la manche.

Je m'inclinai fort cérémonieusement devant le grand échalas, qui nous guida alors dans la cour d'un bâtiment, face à la résidence du prince, et nous fit entrer dans un petit pavillon encombré d'un bric-à-brac de vieux cuivres, de statues, de vases, de calligraphies, de peintures et autres antiquités.

— Seigneur Han, dit Qian le Quatrième, voilà le garçon dont je vous ai parlé.

— Es-tu d'accord pour que ton corps soit purifié ? me demanda l'autre en me toisant de la tête aux pieds.

Je ne compris pas ce qu'il voulait dire par là, et je jetai un coup d'œil inquiet à Qian, qui se mit à branler du chef. Aussi, discipliné comme je l'étais, j'acquiesçai, comme l'oncle Qian me l'indiquait.

— Oui, je suis d'accord.

— Comment oses-tu répondre à ton maître sans te prosterner ? rugit brusquement Qian le Quatrième.

Je me mis humblement à genoux et je frappai trois fois mon front par terre.

— C'est bien, me dit alors Han Zaokui. Cet après-midi, je te conduirai chez maître Bi où tu habiteras quelque temps, avant que ton corps soit purifié.

Toujours cette drôle d'expression ! Je me souviens qu'elle m'avait chiffonné, et que je n'avais point osé demander d'explication, de crainte d'être désobligeant.

L'essentiel pour moi étant de travailler, je jugeai malvenu de poser des questions. Aussi me contentai-je de me prosterner en disant :

— Oui, maître.

— Je vous retrouverai donc cet après-midi chez maître Bi dans la rue Nanchang, dit Han Zaokui à Qian le Quatrième.

— Nous y serons, se hâta de répondre Qian.

Déjà le grand hère gris tournait les talons.

Lorsque nous fûmes sortis, Qian m'emmena au restaurant, et devant un bol de nouilles, il me dit :

— Tu peux remercier le Ciel de m'avoir placé sur ta route. Ce n'est pas une mince affaire que de trouver un travail à Pékin. Combien de gens ont cherché des mois durant, qui n'ont jamais eu ta chance ! Seulement, lorsque tu seras chez maître Bi, il faudra bien obéir à tout ce qu'il te dira de faire, car si tu rates l'occasion, je ne pourrai plus rien pour toi. J'ai déjà eu trop de mal à te trouver cette place-là. Je ne peux plus continuer à ne m'occuper que de toi ; je dois aussi penser à mes affaires.

Il n'avait pas besoin de le préciser, je savais trop moi-même que, sans son intervention, je n'aurais pu décrocher le moindre emploi, et à présent qu'il m'avait trouvé une place où j'allais être nourri, logé et même payé, je me sentais prêt à supporter toutes les humiliations, toutes les brimades et toutes les méchancetés pour la garder. Une seule chose me tracassait :

— Oncle Qian, qu'est-ce que maître Han a voulu dire tout à l'heure en parlant de purifier mon corps ? Je n'ai pas osé lui demander, mais je n'ai pas compris.

— Tu me demandes ça à moi ! se défila-t-il. Crois-tu que j'en sache plus que toi sur le sujet ? Seulement, je te préviens que devant tes nouveaux maîtres, il faudra perdre cette habitude de questionner à tort et à travers.

Tu n'es pas encore embauché, alors, au lieu de chipoter, tu ferais mieux de te soucier de leur plaire. Si tu veux travailler, tu dois obéir, et te taire !

Je compris que ma question l'avait agacé, aussi résolus-je de me taire et d'oublier cette histoire pour ne plus songer qu'à bien faire ce qu'on me commanderait.

Après le déjeuner, nous nous mîmes en route pour la maison de maître Bi, qui était, comme je le sus malheureusement trop tard, un agent au septième degré de la fonction publique, œuvrant comme castrateur pour le compte du bureau des Affaires intérieures de la Cité Interdite. Avec Liu-la-Fine-Lame, lui aussi fonctionnaire de l'Etat, ils se partageaient le monopole des castrations de la capitale, et comme les volontaires à l'émasculation ne suffisaient point à pourvoir les besoins du palais impérial qui consommait les eunuques par milliers, les trafiquants d'enfants leur fournissaient le complément à des prix fort intéressants.

Dans le jargon du milieu, on disait qu'ils leur livraient des « moutons ligotés », terme assez éloquent, qui traduisait malheureusement la réalité : les enfants qui tombaient entre leurs mains n'étaient que des victimes livrées au sacrifice. Le palais fermait les yeux sur ce trafic répugnant ; mieux encore, il l'encourageait et le protégeait, eu égard à sa demande de matériel humain.

Pour Liu et Bi, le petit investissement de départ était très rapidement amorti : chaque adolescent qu'ils fournissaient au palais était tenu de leur verser la totalité de son traitement dès son entrée dans la Cité. Le rapport était donc fructueux, le réseau de trafiquants bien organisé et parfaitement protégé puisque essentiellement constitué d'eunuques et de fonctionnaires du palais. Ainsi Qian le Quatrième avait-il contacté Han Zaokui, eunuque du prince Ding et intermédiaire notoire qui rabattait pour le compte de Bi le Cinquième, auquel il était associé. Ensemble, ils s'étaient mis d'accord pour me piéger sous le prétexte de me promettre un emploi, et j'avais plongé tête baissée, ignorant que de telles pratiques existaient et naturellement peu méfiant.

L'après-midi, nous retrouvâmes Han Zaokui chez maître Bi. Celui-ci commença par m'examiner sous toutes les coutures, et lorsqu'il m'eut bien toisé et évalué de la tête aux pieds, il me plaqua la main sur l'entrecuisse et se mit à me palper les parties sans grand ménagement. J'eus un mouvement de recul spontané. J'avais beau être passif et accommodant, ses manières me parurent quelque peu cavalières. Han Zaokui me rattrapa par le collet et il me donna une bourrade dans le dos en prenant un air réprobateur et sévère.

— Reste en place, Yu Chunhe, et laisse maître Bi t'examiner.

Je n'osai plus bouger et je laissai maître Bi me manier l'intimité à son gré ; lorsqu'il m'eut bien tâté, il hocha la tête d'un air satisfait, et il lança un sourire complice à Han Zaokui et à Qian le Quatrième qui ricanèrent de concert. Je me sentis humilié.

— Désormais, tu vas habiter chez maître Bi, me dit Han Zaokui, et tu devras faire tout ce qu'il te dira. Je repasserai dans quelques jours pour voir si tout va bien.

— Bien, maître, répondis-je d'une voix blanche, affolé de devoir rester chez un homme dont les façons étaient si singulières.

— Chunhe, promets-moi de ne jamais décevoir tes nouveaux maîtres, me dit alors Qian le Quatrième. Dans quelques jours, tu travailleras dans un palais, si tout se passe bien. Dès que je serai rentré au village, j'irai en avertir ton père, pour qu'il soit rassuré à ton sujet. Je lui dirai que tu vas lui envoyer de l'argent sitôt que tu toucheras un salaire et que tu viendras le voir au premier de tes congés. Mais pour cela, il te faudra bien obéir à maître Bi. Est-il encore quelque chose que tu veuilles transmettre à ton père ?

En me rappelant le souvenir de mon père et en faisant miroiter la perspective de lui venir en aide matériellement, le coquin s'assurait de ma totale docilité.

— Oncle Qian, dis-je les larmes aux yeux, je vous remercie infiniment pour tout ce que vous avez fait pour moi. Dites à mon père de ne pas s'inquiéter et de prendre soin de sa santé.

Avec Han Zaokui, il prit alors congé de maître Bi, qui les raccompagna jusqu'à sa porte. Lorsqu'ils furent partis, le maître me fit asseoir à ses côtés et il m'entretint longuement de la vie quotidienne des palais et de la nouvelle existence qui m'attendait, me parlant avec tant de douceur et de gentillesse que le soir venu, les inquiétudes qui m'avaient tourmenté au début de la journée s'étaient toutes dissipées.

Avant le dîner, il me conduisit dans une pièce propre et avenante, au milieu de laquelle trônait un grand baquet d'eau tiède qu'il avait préparé pour mon bain. Du tiroir d'une commode, il sortit une veste et un pantalon bleu-gris en me disant qu'ils étaient à moi et que cette pièce me servirait provisoirement de chambre.

A l'issue d'un dîner plantureux comme je n'en avais encore jamais fait, il m'envoya coucher de bonne heure en m'invitant à bien me reposer et à ne point me soucier de l'heure de mon lever. Le lit était si moelleux que j'en fus presque incommodé, puis, songeant au bonheur de mon père lorsqu'il apprendrait que son fils allait travailler dans un palais, je m'endormis plus confiant que jamais en l'avenir et dans les hommes. La chance enfin me souriait.

Dans les jours qui suivirent, je passai le plus clair de mon temps à me goinfrer et à dormir ; durant les intervalles de ces deux nobles activités, maître Bi me faisait asseoir auprès de lui et il passait des heures à me décrire le luxe des palais et la vie fascinante des serviteurs qui les fréquentaient, tout en sirotant une tasse de thé. C'était fort agréable et, cependant, je m'inquiétais. J'étais censé être en apprentissage et tout ce que maître Bi m'apprenait, c'était à bien me reposer, à bien me nourrir, mais surtout pas à travailler. Un jour enfin, je me décidai à lui en parler :

— Maître Bi, depuis que je suis chez vous, vous me nourrissez comme un prince et, lorsque je suis rassasié, vous m'envoyez faire la sieste. Je vous suis infiniment reconnaissant de la générosité avec laquelle vous me traitez, mais je suis un peu surpris que vous ne me demandiez jamais de travailler. Ne suis-je point censé apprendre un métier ?

— Pour travailler, mon garçon, il faut être solide, et lorsque tu es arrivé, je ne t'ai pas trouvé dans une forme physique resplendissante. Je dois bien te requinquer si je veux que tu travailles correctement. Et d'abord, dis-moi, ne t'es-tu pas engagé à obéir à tout ce que j'ordonnerai ? Alors, pourquoi tant de questions ?

Il prit un ton paternel en faisant mine de me gronder et je bénis le Ciel de m'avoir mis entre les mains d'un homme si bon.

Au train où allaient les choses, au bout d'une huitaine, j'avais la mine replète, le teint lisse et frais et j'étais si plein de vitalité et d'entrain qu'un beau matin, il prit mes mains entre les siennes et me sourit d'un air satisfait :

— Tu m'as tout l'air d'avoir retrouvé la forme, mon garçon. Je crois que je vais pouvoir t'opérer demain.

Je retirai vivement ma main.

— De quoi voulez-vous m'opérer, maître ?

— Tu sais bien que pour pouvoir travailler dans un palais, tu dois d'abord purifier ton corps. Et c'est quoi, purifier ton corps, sinon te couper la bricole que tu as entre les jambes ? Lorsque Han Zaokui t'a posé la question, tu as dit que tu étais d'accord. D'ailleurs, tu n'as pas le choix : sans être castré, tu ne peux obtenir le travail.

Je fus pris de tremblements nerveux, mais incapable de dire une parole, tellement j'étais bouleversé.

— Tu n'as pas à t'inquiéter, continua-t-il ; crois-en mon expérience, ce n'est pas douloureux et il n'y a aucun danger, si tu fais exactement comme je te le dirai. Par contre, si tu résistes un tant soit peu, tu peux y laisser la vie. Obéis-moi, c'est dans ton intérêt.

Affolé, je me jetai à ses genoux et en m'agrippant au bas de son pantalon, je lui baisai les pieds. J'avais perdu la tête, je pleurais, je hurlais, je sanglotais.

— Non, non, maître Bi. Je vous en supplie. Par pitié, je ne veux pas. Je ne savais pas ce que cela voulait dire. Vous ne pouvez pas me faire ça. Je ne veux pas.

— Chunhe, écoute-moi, dit alors maître Bi. Han Zaokui est venu me voir, il y a quelques jours, pour m'expliquer la situation dramatique qui était la tienne. Tu as vu par toi-même combien il était difficile, sinon impossible, de trouver du travail à Pékin ; aussi, par compassion pour toi et pour ton père dont tu es le seul soutien, nous avons décidé de te venir en aide en te faisant entrer au palais impérial. Mais par respect pour les femmes de l'empereur, ton corps doit être pur, tu dois bien t'en douter. Tu n'as pas l'air de réaliser quelle chance s'offre à toi. Prends le cas de Li Lianying, le chef du palais de l'impératrice Cixi : lorsqu'il a débuté, il était encore plus pauvre et plus misérable que toi, mais lui n'a pas hésité à se la couper pour pouvoir entrer dans la Cité. A présent, il est un fonctionnaire au deuxième degré et l'un des personnages les plus influents du palais. Tu dois bien réfléchir, Chunhe. Ce monde est ainsi fait que les pauvres gens doivent parfois consentir à certains sacrifices pour se sortir de leur condition. Pense à ton avenir, considère l'exemple de Li Lianying et imagine l'honneur que tu ferais à tous tes ancêtres si un jour tu devenais toi aussi un puissant personnage. Ne sois pas égoïste, Chunhe, et si tu ne le fais pas pour toi, fais-le pour ton père.

— Non, non, maître Bi, je vous en supplie, je ne veux pas.

Je me mis à hurler et à me débattre, en revoyant l'homme de la boutique du prêteur qui baignait dans son sang. Ainsi, j'étais tombé dans le piège des trafiquants. Saisi de panique, je me redressai d'un bond et je me précipitai vers la porte, mais maître Bi fut plus rapide que moi. Il me rattrapa par les épaules et me gifla violemment en changeant brusquement de ton :

— Si tu ne veux pas, cria-t-il, je ne vais pas te forcer, mais tu vas me rendre l'argent que j'ai déboursé pour toi ou je te livre à la justice pour escroquerie ; et tu sais quelles relations j'ai.

— Vous rendre de l'argent ?

— Cent taëls exactement, me lança-t-il, les mains sur les hanches et le torse bombé, comme s'il me défiait de les lui restituer sur-le-champ. C'est la somme pour laquelle Qian t'a vendu comme eunuque, à moi qui suis fonctionnaire du gouvemement. Tu es en droit de refuser, mais alors il faut me rembourser. Où trouveras-tu une somme pareille ? J'ignore pour quelles raisons Qian t'a trompé, mais il m'a escroqué moi aussi, et j'ai payé cher pour te recruter. Sois plutôt raisonnable, je te ferai entrer dans la Cité Interdite, ne refuse pas cette chance inespérée. Et d'ailleurs, mon garçon, j'en suis désolé pour toi, mais tu n'as plus le choix.

Ses menaces me firent l'effet d'une douche froide. Dans ma candeur, pas un instant je ne songeai à mettre ses propos en doute, et j'en étais presque à me sentir coupable de l'embarras qu'il affectait. N'avait-il pas en toute bonne foi déboursé cent taëls d'argent pour me recruter comme eunuque ? Comment moi, Yu Chunhe, allais-je plaider ma cause devant un tribunal, s'il m'accusait de l'avoir escroqué ? Pouvais-je m'opposer à lui, qui était fonctionnaire du gouvernement ? Si l'on me soupçonnait d'être le complice de Qian le Quatrième, comment prouverais-je mon honnêteté, puisque devant témoins j'avais accepté de *purifier mon corps* ? Pourquoi Qian m'avait-il tendu ce piège ? Etait-ce Qing Deshun qui se tenait derrière lui et avait tout organisé ? Tant de questions qui restaient sans réponse bourdonnaient dans ma tête. L'attrape se refermait sur moi et l'accablement que j'en éprouvais portait en lui le poids de l'abdication. Déjà, je renonçais à lutter. Je croyais à la force de la destinée et, depuis mon enfance, j'étais persuadé que la mienne ne pouvait être que tissée de souffrances et de misère. Si j'étais né sous une mauvaise étoile, à quoi me servirait de vouloir résister ? J'avais tenté de le faire en fuyant le village sous la pression de mon père, mais le destin ne m'avait-il point rattrapé ? Un sentiment familier, brassage de veulerie, de soumission, de fatalisme et d'apathie, qui m'avait tant de fois convaincu de la vanité de se soustraire à sa mauvaise fortune, finit par étouffer l'étincelle de révolte qui m'avait animé quelques instants plus tôt.

— Depuis ma naissance, lui dis-je, ma vie semble placée sous le signe de l'infortune. Puisqu'il en est ainsi, je ferai comme vous le voudrez.

— Chunhe, mon garçon, pourquoi parler ainsi ? reprit-il doucement. Heur et malheur ne sont pas donnés une fois pour toutes. N'importe qui connaît de bonnes et de mauvaises périodes dans sa vie. Certes, actuellement, tu es au plus bas, mais un jour la chance te sourira à toi aussi et tu deviendras riche et puissant...

Il parla ainsi de longues minutes durant, mais il pouvait parler et argumenter tant qu'il voulait, j'avais le cœur trop brisé pour écouter ce qu'il disait. La seule vérité qu'il eût pu proférer était que, né pour le malheur, je me heurtais à lui à chacun de mes pas. Ebloui par le bref espoir de bonheur que Yujie avait incarné, j'avais essayé de lutter contre la fatalité et elle revenait m'abattre avec une violence décuplée. Je n'avais plus la volonté de lui résister, j'étais vidé de mon énergie, résigné. Laissant maître Bi à ses arguties, je regagnai ma chambre, sans rien ajouter.

Je restai couché deux jours et deux nuits, sans boire, sans manger, sans parler, sans pleurer. Toute force m'avait abandonné, même celle de pleurer. Je ne souhaitais plus que mourir. Maître Bi me laissa en paix les deux premiers jours mais, au troisième, il commença à s'inquiéter. J'avais les yeux enfoncés et cerclés de larges cernes, les joues creusées, et mes lèvres n'étaient qu'une plaie sanguinolente tellement je les avais mordues. Il me força à me lever et m'obligea à avaler quatre bols de nouilles à la viande. En me tirant de mon apathie, j'eus l'impression de sortir d'un songe, comme si je n'avais fait que rêver ma vie passée. Tout était si lointain et irréel ; déjà il y avait l'avant et l'après. Un avant qu'il me semblait avoir imaginé et cet après au bord duquel je me trouvais et qui me donnait le vertige.

Maître Bi me regardait d'un œil perplexe.

— Chunhe...

— Ne dites rien, maître Bi. Vous pouvez m'opérer quand vous le désirez. Je ne vous poserai aucune difficulté.

Il retrouva le sourire.

— A la bonne heure, mon garçon ! Tu vas bien manger et bien te reposer pendant un jour ou deux encore. Je pense qu'après-demain je pourrai t'opérer.

— Aujourd'hui, demain ou après-demain, ça n'a plus d'importance...

Le surlendemain, il me fit entrer dans une pièce qu'il appelait son *cabinet des purifications*. Le lieu était très sommairement meublé : un lit en brique était dressé contre le mur du fond, à côté d'une table couverte d'instruments chirurgicaux et d'un réchaud à alcool sur lequel était posée une casserole ; à gauche trônait l'armoire à médicaments, regorgeant de plantes séchées, de racines, de poudres, de pilules et d'onguents aux parfums entêtants. Un étrange meuble à multiples tiroirs, d'environ un mètre de haut sur deux de long, attira mon attention. Maître Bi surprit mon regard.

— Ça, me dit-il, c'est le placard où je range les coffrets dans lesquels je conserve les parties de tous ceux que j'opère.

— Vraiment ? Vous gardez ces choses-là après les avoir coupées ? Mais ça ne sert plus à rien.

— Détrompe-toi, mon garçon, dit-il en faisant coulisser un tiroir, et c'est pourquoi je les conserve précieusement dans ces petites boîtes numérotées. J'y mettrai bientôt les tiennes, et le jour où tu seras monté en grade et que tu seras devenu assez riche pour me les racheter, tu pourras venir les récupérer.

— Et qu'est-ce que j'en ferai ?

— Tu leur feras des funérailles, pardi ! Tiens-tu après ta mort à te présenter devant le roi des Enfers avec un trou entre les jambes ? Si tu veux te réincarner entier, il faut que tu ailles le voir entier, et donc que tu fasses des économies pour me racheter ce que je vais te couper.

Une inquiétude me saisit :

— Ne vont-elles point pourrir, le temps que je réunisse de quoi les racheter ?

— Parce que tu t'imagines que je les fourre telles quelles dans les boîtes, peut-être ! Réfléchis un peu, ce serait vite une infection ! Or, trouves-tu que cela sente mauvais ?

Il me colla un des petits coffrets sous le nez, et je ne sentis pas grand-chose, ou peut-être une vague odeur mentholée.

— C'est tout l'art de la conservation, reprit-il d'un air très fier. Un art délicat, mais pas très compliqué : une fois que je les ai coupées, je les lave très soigneusement, puis je les sèche et je les fais frire dans de l'huile de sésame. Ensuite, je les égoutte, et enfin je les saupoudre d'un mélange de minerais, de chaux, de camphre, de musc, de bois d'aloès et de camphrier et même de poudre de perles. En fait, je les traite comme on fait des cadavres, je les embaume, mais au lieu de les remplir du mélange balsamique, je les trempe dedans, et lorsqu'elles se sont bien imprégnées de ma petite préparation et qu'elles sont desséchées, je n'ai plus qu'à les envelopper dans un carré de satin jaune que je place dans une petite bourse du même tissu.

Tout en discutant ainsi, il alluma son réchaud et se mit à faire cuire un œuf, mais je ne me sentais guère en appétit.

— Je mets cette bourse-là dans une première boîte, et j'y inscris la date et le lieu de naissance du propriétaire ainsi que la date de l'opération, continua-t-il tout en vaquant à ses occupations. Ensuite, je l'emballe dans une autre pièce de satin, je la ficelle avec un ruban de soie, et je l'enferme dans un de ces coffrets en bois de saule que tu as devant toi. Je l'enveloppe encore dans un morceau de satin que j'attache cette fois avec un cordon de soie à fils de cinq couleurs, et je n'ai qu'à coller l'étiquette rouge sur laquelle j'écris *Cent ans de bonheur* et le numéro que je t'attribue. Il ne faut surtout pas l'oublier. Ainsi, lorsque tu voudras récupérer ton bien, tu n'auras qu'à me donner ton numéro et ton nom. On ne prend jamais trop de précautions. Manquerait plus que, le jour où tu viendrais me racheter tes bricoles, je te laisse repartir avec celles d'un autre sous le bras, dit-il en éclatant de rire. Jusqu'à présent, je n'ai jamais eu de problème. Ça peut paraître un peu sophistiqué, mais l'enjeu est trop important. Tu es né homme et tu dois quitter ce monde dans ton intégralité.

— C'est-à-dire qu'il faut être enterré avec sa boîte ?

— Avec ou sans, ce n'est pas cela qui compte. L'important, c'est surtout la cérémonie, car si tu veux récupérer tes parties le jour où tu quitteras ce monde, tu dois leur faire des prières et des offrandes, exactement comme à un mort. Au palais impérial, il y a des astrologues qui t'indiqueront un jour propice à la cérémonie ; alors tu pourras ramener le coffret chez toi et faire venir des taoïstes pour réciter des prières. Ce coffret-là, qu'on appelle le *sheng*, le coffret de la *promotion*, tu devras le placer sur un *tuo*, une poutre transversale reposant sur deux colonnes. Le *tuo* qui supporte le *sheng*, ça fait *tuo-sheng*, une expression homophone de *tuosheng* qui signifie « réincarnation ». Tout ça, c'est surtout symbolique, mais ce n'est pas à négliger si, dans ta vie future, tu veux renaître entier. Tu comprends maintenant pourquoi je mets tant de soin à les conserver ? A présent, ôte ton pantalon, et va t'allonger.

Il se tut brusquement et je me déshabillai dans un état second, comme drogué. J'avais les jambes molles et les doigts gourds, de la peine à ordonner mes mouvements, mal au ventre, mal au cœur. J'avais peur tout simplement. Peur de souffrir, peur de mourir, je ne saurais plus dire exactement ; mais j'avais peur.

Maître Bi sortit l'œuf de la casserole et, après l'avoir épluché, il le posa dans une soucoupe ; puis il s'assit sur une chaise et se concentra un moment, les yeux fermés.

Au bout de quelques minutes, il se releva, il me demanda de regarder le plafond, et pendant que je levais les yeux, des quatre coins du lit, il tira des sangles terminées par des bracelets de fer qu'il me passa autour des chevilles et des poignets. Lorsqu'il m'eut écartelé, les cuisses grandes ouvertes et les bras tendus en V au-dessus de la tête, il attrapa une cordelette pendant à la poutre transversale qui surplombait le lit, et il m'en ficela la verge et les testicules, en serrant très fort, de la base à l'extrémité. Puis il tendit la corde au maximum pour la fixer à un crochet scellé dans le mur, et j'eus l'impression que mes chairs se déchiraient ; avec mes parties génitales, ma gorge s'était étranglée, j'avais du mal à respirer. Mes oreilles se mirent à bourdonner, mes yeux à se voiler, comme si tout mon sang m'était monté d'un coup à la tête.

J'avais la sensation de tomber dans un puits sans fond, de perdre pied, de m'enliser. Je poussai une longue plainte aiguë, les yeux écarquillés sur le vide, comme si j'avais eu la certitude de vivre au moins le temps que durerait ce gémissement continu.

— Chunhe, calme-toi, me dit maître Bi. Tu n'as pas à avoir peur, ça va aller très vite. Tu ne sentiras rien. Fais-moi confiance.

Il se retourna et je l'entendis prendre quelque chose sur la table à côté. Lorsqu'il revint se pencher au-dessus de ma tête, je poussai un hurlement.

— Non, attendez !

— N'aie pas peur. Je vais juste te donner quelque chose qui va t'empêcher de sentir la douleur, me dit-il. Ouvre la bouche et ferme les yeux.

Je m'exécutai en gémissant, et là, d'une brusque poussée, il me fourra l'œuf dur dans la bouche et, avec ses deux mains, il me comprima les lèvres en me demandant :

— Dis-moi, tu regrettes ou pas ? Dépêche-toi de me le dire, tu regrettes ou pas ?

Je voulus émettre un son, et comme ma gorge s'ouvrit, maître Bi en profita pour m'enfoncer l'œuf au plus profond du gosier. Je ne pouvais plus respirer, j'étouffais. J'eus quelques sursauts convulsifs mais mes pieds et mes mains étaient fermement entravés. Je basculai dans un trou noir.

Ce qui se passa ensuite, ce fut lui qui me l'expliqua : sitôt que je me fus évanoui, il empoigna un instrument à courte lame en croissant. De la main gauche, il attrapa mes parties génitales, et de la droite, il trancha net ; la corde tendue remonta d'un saut vers le plafond et mes parties sanguinolentes restèrent à ballotter en l'air, cependant qu'il rattrapait très vite les ligaments testiculaires. De la rapidité de leur récupération dépendait toute la réussite de l'opération, car leur rétractation dans le corps entraînait la mort certaine. Il les ligatura soigneusement avec un fil de soie, puis il m'enfonça un petit tube de bambou dans le méat urinaire pour permettre aux urines de s'écouler normalement. Enfin, il appliqua un cataplasme sur la plaie et il me mit un pansement.

L'intervention n'avait pas duré plus de dix minutes ; je restai néanmoins deux heures sans connaissance, et il demeura à mon chevet pour surveiller mes réactions. Lorsque je repris conscience, j'eus un moment de désarroi. Je ne savais plus où je me trouvais, mais aux violents élancements qui me déchiraient l'entrecuisse, à ma veste maculée de sang et au gros pansement qui m'enveloppait le bas-ventre, je compris que l'irrévocable était accompli. Tout flottait autour de moi, les objets semblaient suspendus dans la pièce. Mon cœur et ma tête étaient enserrés dans un brouillard épais. Mes oreilles vrombissaient. J'avais envie de vomir, et je me mis à hurler.

— Pourquoi, pourquoi ? Quel mal ai-je fait depuis que je suis né pour mériter tant de peine ?

Je me mis à me débattre et à tirer sur mes liens pour me désentraver, à me cogner à grands coups la tête sur le lit de brique, à hurler, à pleurer, à baver, enfin maître Bi me gifla violemment, et je me calmai net.

— Cesse de crier et de te démener, dit-il, tu vas rouvrir ta plaie. Si tu veux te rétablir au plus vite, tu as intérêt à te calmer.

Il me libéra les mains, et je les portai à mon visage pour pleurer en silence. Petit à petit, je fus envahi par une extrême sensation de fatigue et je finis par m'endormir.

Les jours suivants, maître Bi me traita fort gentiment. Il passait ses journées assis à mes côtés, à tenter de me distraire en me racontant des histoires sur la Cité Interdite et sur les grands castrats que j'allais bientôt côtoyer. Je mangeais essentiellement des aliments secs et je ne devais point boire pour m'éviter d'uriner, car c'était douloureux. Le reste du temps, je n'avais pas vraiment mal, à peine ressentais-je quelques élancements, c'était plutôt le gros pansement entre mes jambes qui était gênant.

— Maître Bi, lui demandai-je un jour, avant de commencer à m'opérer, vous m'avez dit que vous alliez me donner un médicament. Au lieu de ça, vous m'avez enfoncé un œuf dans la bouche en me demandant si j'avais des regrets.

— C'était ça le médicament, dit-il en souriant de sa supercherie. Un œuf pour t'obstruer la gorge et t'empêcher de respirer. C'est ce qu'il y a de plus radical pour faire perdre connaissance. Si je t'avais opéré sans que tu sois inconscient, tu aurais trop souffert, alors je t'ai anesthésié à ma manière. Quant à te demander si tu regrettais, c'était une question comme une autre pour t'ouvrir le gosier en te faisant parler. J'aurais pu t'opérer sans t'endormir, mais tu te serais débattu, tu aurais crié, et tu aurais pu faire une hémorragie, alors que là, tu n'as presque pas saigné. Tu es resté tranquille et tout s'est bien passé.

J'entendis à peine sa réponse, tellement j'étais troublé par la voix qui était sortie de ma gorge pour le questionner, et que je ne reconnaissais plus pour mienne. Depuis quelques jours, elle muait vers l'aigu et le grêle mais, à l'instant, j'avais franchement parlé avec une voix de fille.

— Maître Bi, ne trouvez-vous pas que j'ai une drôle de voix ?

— Il va falloir t'y habituer, mais à la longue tu finiras par ne plus y penser. Ce n'est pas seulement ta voix qui va changer, mais toute ton apparence. Regarde Han Zaokui, avec sa petite voix de femme, et sa figure sans poil, on ne peut pas dire qu'il ressemble à un homme. Cependant, c'est normal, car une fois que tu n'as plus de testicules, tout ce qui faisait ta masculinité disparaît. C'est plus ou moins accentué selon les cas, mais il faut t'attendre à voir ton corps se transformer.

Je restai silencieux ; ma voix m'embarrassait. Ainsi, plus jamais je ne serais semblable à ce que j'avais été. Je songeais aux hommes en gris devant lesquels j'avais ressenti cette sensation de malaise ; j'étais comme eux désormais. J'imaginais la honte qu'éprouverait mon père s'il l'apprenait. Oserais-je le revoir un jour ? Déjà, il me semblait que l'adolescent qui avait fui son village, quelques semaines plus tôt, était un autre que moi-même. Je ne comprenais toujours pas pourquoi Qian le Quatrième avait pu commettre ce crime, mais je ne le haïssais plus. Un seuil était franchi, et je ne devais pas me retourner sur mon passé.

Douze jours après ma castration, maître Bi ôta mes pansements pour vérifier la cicatrisation. La plaie était déjà bien refermée et il put retirer la petite sonde de bambou qui me servait à uriner. Au vingt et unième jour, tout était parfaitement cicatrisé.

— J'ai bien travaillé, dit-il d'un air satisfait. Pour fêter ça, je vais te préparer de bonnes nouilles à la viande, et tu vas te lever pour te dégourdir un peu les jambes.

Pendant qu'il me préparait les nouilles, il se prit à hocher la tête en ricanant :

— Te voilà entré dans la voie de la sagesse. Maintenant, au moins, tu ne risques guère d'être tourmenté par les choses de la vie. Tu es un peu comme un moine, à ta manière. Qui sait si un jour, tu n'obtiendras pas le Tao ?

— Je devrais sûrement vous remercier, dis-je d'un ton glacial.

— Je ne m'inquiète pas, mon garçon, d'autres avant toi sont partis le cœur serré qui sont venus me remercier quelques années après. Qui sait le destin qui t'attend entre les murs de la Cité ? Si un jour tu deviens chef d'un palais, tu auras peut-être envie de revenir me dire merci.

Je n'eus pas le temps de lui répondre ; Han Zaokui entrait.

— Ah ! Chunhe, me lança-t-il avec un large sourire. Je souhaite que la bonne fortune t'accompagne désormais !

Il prit de mes nouvelles auprès de maître Bi, et lorsqu'il fut rassuré à mon sujet, il me dit :

— Tu vas te reposer quelques jours encore, puis je te conduirai au bureau des Affaires intérieures du palais impérial pour que tu sois examiné. Si tout va bien, tu ne tarderas pas à travailler.

Il revint effectivement une quinzaine de jours après, avec un ballot de toile jaune qu'il vida sur la table de maître Bi.

— Aujourd'hui, le bureau des Affaires intérieures sélectionne de nouveaux candidats, dit-il en étalant sur la table une robe bleu-gris, une veste, un gilet, une paire de bottes et un bonnet à cordons rouges. Tu vas prendre un bain, passer ces habits, et je vais t'emmener au palais. C'est juste un petit examen pour vérifier que tu n'as pas de tare physique et que tu es bien châtré. Une simple formalité à accomplir avant de poser ta demande officielle. Tu n'as pas à t'inquiéter, tout se passera bien.

Moins d'une heure plus tard, je franchissais la porte Fleurie de l'ouest qui n'ouvrait, comme je l'ignorais à l'époque, que sur des annexes du palais et autres bâtiments secondaires, frémissant d'anxiété autant que de fierté à l'idée que moi, Yu Chunhe, je foulais le sol des lieux sacrés où l'empereur vivait.

Han Zaokui, qui semblait aussi à l'aise ici que s'il avait été chez maître Bi, m'entraîna vers le bureau des comptables où il présenta le formulaire de candidature qu'il avait rempli pour moi, ainsi qu'un certificat médical attestant de mon état de castré. Un fonctionnaire prit connaissance des documents, puis il nous demanda d'attendre devant la porte où d'autres adolescents se trouvaient déjà.

— Tu n'es pas le seul, me dit Han Zaokui. Tu n'as qu'à regarder ce que font les autres et faire comme eux. A ta sortie, tu me retrouveras ici.

Je hochai la tête en murmurant oui dans un souffle. J'avais la gorge trop nouée pour parler davantage.

Après quelques minutes, un jeune eunuque sortit du bureau, et d'une petite voix grêle, il fit l'appel. Han Zaokui me poussa vers ceux qui commençaient à se mettre en rang, et je pris mon tour dans la file. Je comptai que nous étions seize, vêtus de la même robe bleu-gris et du même bonnet à cordons, en me demandant quelles tragédies se cachaient sous les visages tendus des quinze autres garçons. L'eunuque nous conduisit dans une petite cour pavée et comme, à l'exemple de mes compagnons, je marchais la tête baissée, je n'eus guère le loisir de contempler l'endroit. Il nous fit arrêter au bas d'un escalier ouvrant sur une grande salle. Debout sur le perron, deux petits castrats, plus figés que des statues de sel, semblaient monter la garde de chaque côté de la porte. Un autre apparut dans l'embrasure, plus âgé que les précédents ; il devait avoir une trentaine d'années. Il ouvrit un grand registre, appela un nom, et le premier de la file gravit lentement les marches, sans relever la tête. A la porte de la salle, un quatrième eunuque le fit entrer. J'étais le septième. Lorsque je m'entendis nommer, j'avançai à pas lents, comme je l'avais vu faire à ceux qui m'avaient précédé, et j'entrai dans le bâtiment. Au milieu d'une grande pièce trônait une table immense, derrière laquelle étaient installés deux fonctionnaires en robe de cour, coiffés d'un bonnet orné de glands et de rubans. Je m'agenouillai devant eux, ce qui calma un peu les tremblements qui agitaient mes jambes, et ils me demandèrent de relever la tête. En silence, ils détaillèrent mon visage pour vérifier qu'il ne présentait pas de défaut déplaisant, puis ils m'ordonnèrent de me mettre sur pied et de marcher d'un bout à l'autre de la salle. Je fis plusieurs allers retours, et comme ils eurent constaté que je n'étais pas bancroche, je retournai m'agenouiller devant la table. Là, ils me demandèrent mon nom, mon adresse, mon lieu de naissance et tous les renseignements consignés dans mon dossier, non tant pour vérifier la concordance des informations que pour s'assurer que je n'étais point bègue. Ils étaient chargés, comme me l'avait indiqué Han Zaokui, de dépister les anomalies physiques des postulants. Celui qui était trop laid, qui avait les jambes torses ou un problème d'élocution, était écarté d'office et sa candidature refusée. Je passai cette première épreuve sans encombre, et je fus alors conduit dans un petit cabinet attenant, où un vieil eunuque me demanda d'ôter mon caleçon et de m'allonger sur un lit recouvert d'un drap jaune. Il observa minutieusement ma cicatrice, vérifia que ma verge et mes testicules avaient été complètement enlevés, puis il me ramena dans la grande salle. Il salua respectueusement les deux fonctionnaires et se mit à genoux lui aussi :

— Le corps de Yu Chunhe a été parfaitement purifié. Votre humble serviteur se porte garant de son état physique irréprochable.

Sur un signe des deux autres, il prit le pinceau et l'encre déjà prêts sur la table et il signa le certificat de castration. C'était terminé. Je fus reconduit à la porte et j'attendis dehors que les seize garçons fussent tous examinés pour quitter les lieux avec eux, toujours en file et la tête baissée. Devant le bureau des comptables, je retrouvai Han Zaokui. Je me précipitai vers lui, enfin soulagé.

— J'ai passé les épreuves sans problème, lui déclarai-je fièrement.

— Parfait, me répondit-il en souriant. Nous n'avons plus qu'à rentrer chez maître Bi et à attendre la réponse.

Chapitre 8

Mes débuts à la Cité Interdite

J'avais tout juste dix-sept ans, en ce jour d'automne 1898, lorsque je fis mon entrée dans la Cité Interdite. Je retrouvai les quinze mêmes compagnons aux portes du bureau des Affaires intérieures du palais où un vieil eunuque nous accueillit. Il nous réunit dans la salle d'un pavillon avoisinant et nous expliqua que nous allions entamer une période d'apprentissage de quinze jours. Il allait être notre instructeur, nous enseigner les règles et usages de la cour, et les bases de notre travail.

Sa première leçon porta sur la façon dont il convenait de nommer les différents membres du palais. Il nous apprit que l'empereur ne devait être évoqué qu'en termes de Seigneur Eternel ou d'Illustre Seigneur, que l'impératrice douairière Cixi, sa tante, était la Vénérable Aïeule ou le Vieux Bouddha et que les concubines étaient distinguées par leur nom précédé de « maîtresse ». Entre eunuques, il y avait semblablement certains codes à respecter. Le mot d'eunuque était à bannir du vocabulaire pour désigner l'un de ses semblables ; on disait « maître » à ceux d'un grade supérieur au sien, et « confrère » à ceux d'un rang égal.

Il évoqua ensuite les mots tabous à ne prononcer en aucun cas, même au cours de conversations privées. Des mots tels que mort, malheur, malchance et autres expressions dont les seules vibrations auraient pu nuire aux lieux. J'eus par la suite maintes fois l'occasion d'éprouver à quel point ces tabous semblaient n'exister que pour être transgressés.

Les jours suivants furent consacrés aux salutations et prosternations. Je n'avais jusqu'alors jamais imaginé que l'on pût s'agenouiller de si nombreuses façons et en de si multiples circonstances. A l'en croire, un eunuque passait sa vie à genoux. On devait, par exemple, s'agenouiller chaque fois qu'une concubine nous adressait la parole, en posant le genou gauche avant le droit ; cet ordre, insista-t-il, était capital. Une fois sur les genoux, le dos raide comme un pinceau, on ôtait humblement son bonnet et on le posait sur le sol, à la droite du corps. Devant un chef eunuque ou un fonctionnaire de moindre importance, on ployait un seul genou, mais pour rendre grâces à l'empereur ou à ses épouses, il fallait s'agenouiller à trois reprises et se frapper le front neuf fois sur le sol ; et pas question de l'effleurer, car la sonorité du choc étant proportionnelle à la gratitude exprimée, il était indispensable que le bruit pût être entendu de tous. Des heures durant, je m'écorchai le front devant des concubines imaginaires, sous l'œil exigeant de notre maître, qui n'avait cure de nos bosses, en priant le Ciel de me garder d'avoir à remercier trop souvent.

Nous nous familiarisâmes ensuite avec les règles du service, car nous n'étions point là pour le décorum ; il allait nous revenir de verser le thé ou l'alcool, de bourrer les pipes, d'allumer les cigarettes, de servir les repas, d'habiller celle ou celui au service duquel nous serions affectés. J'imaginais, en posant le pied dans la Cité, que j'allais servir l'empereur ; à la vérité, les derniers arrivés servaient les serviteurs et n'approchaient jamais les grands du palais. Le corps des eunuques était très hiérarchisé et, en montant en grade, les castrats pouvaient disposer de leur propre domesticité. Ainsi Li Lianying, le chef du palais de l'impératrice douairière, avait-il la jouissance de plusieurs dizaines d'eunuques qui lui étaient exclusivement dévoués. J'appris donc à servir ceux qui, à leur tour, en servaient de plus puissants ; la tâche n'en était pas plus aisée pour autant, car à l'intérieur de la Cité, chaque geste que vous faisiez répondait à des règles précises et immuables, et pour passer un simple objet, il y avait tout un cérémonial à observer. Ainsi, lorsqu'un maître réclamait du thé, il fallait soulever délicatement la tasse des deux mains, et s'avancer vers lui en la tenant respectueusement sur les paumes jointes à hauteur de poitrine pour venir s'agenouiller à ses pieds. Une fois à genoux, vous deviez lui tendre le breuvage, ni trop haut, ni trop bas ; à hauteur des sourcils, nous dit notre instructeur, et la tête baissée en marque d'humilité.

Entre les murs du palais, les actes les plus naturels de la vie quotidienne devenaient si compliqués que je compris bien vite la nécessité d'un apprentissage. Prenons l'exemple de la pipe. Quoi de plus simple que d'allumer une pipe à qui veut fumer, et combien de fois ne l'avais-je point fait pour mon père ? Or, ici, c'était toute une affaire. Là encore, il convenait de présenter la pipe à genoux et de rester dans cette position en tenant le fourneau des deux mains, tout le temps que le maître tirait sur le tuyau. Dans le cas d'une pipe à tuyau court, où il était nécessaire d'être debout pour pouvoir la tenir, il fallait néanmoins garder le corps incliné en signe de respect. En fait, la difficulté de l'entreprise tenait moins à la technique qu'à la connaissance de la psychologie du maître à servir, nous expliqua le vieil eunuque, qui devait savoir de quoi il parlait. Il nous exhorta vivement à développer notre esprit d'observation, afin d'arriver à distinguer les goûts, les habitudes, les manies et les humeurs de chacun. Un maître n'aimait rien tant que d'être prévenu dans ses désirs, mais encore ne fallait-il point se tromper, car la moindre bévue pouvait déclencher sa colère ; dans le meilleur des cas, vous récoltiez une bordée d'injures, et le plus souvent, vous aviez droit à la bastonnade. Il était donc opportun d'être fin psychologue et de comprendre rapidement, dans l'exemple de la pipe, à quel rythme il tirait sur le tuyau, combien de temps il s'arrêtait entre chaque bouffée et combien de pipes il désirait fumer, pour lui présenter l'embout au bon moment et rallumer le fourneau ni trop tôt, ni trop tard. C'était tout un art.

L'habillage en était un autre. Les vêtements de la cour monopolisaient un département entier, qui s'occupait de leur gestion, en fonction des saisons. Un maître, apparemment, ne savait point se vêtir seul, et nous allions nous en charger. Il fallait, là aussi, repérer ses habitudes, savoir quel bras il tendait en premier pour enfiler une robe ou quelle jambe pour un pantalon, car il eût été inconcevable de préparer la jambière gauche en lui demandant de bien vouloir présenter la jambe adéquate. Tout devant être fait pour son bien-être et son confort, c'était au serviteur de respecter ses manies, ce qui ne valait pas seulement pour l'habillage. On ne faisait non plus jamais répéter une question, même respectueusement.

— Un maître ne répète jamais un ordre ni une question, nous dit le vieux castrat. C'est à vous de la comprendre du premier coup. Oubliez de dire : « Pardon, qu'avez-vous dit, pourriez-vous répéter, j'ai mal entendu. » Ce sont des termes dont vous n'userez plus jamais, pas plus que vous ne serez autorisés à demander des explications, quels que soient l'ordre ou la demande, aussi bizarres ou fantaisistes puissent-ils vous paraître. A une injonction, répondez par une seule et unique formule : « A vos ordres, maître » ; jamais « d'accord », « très bien », ou même simplement « oui ».

Mieux qu'en serviteurs, il nous enseignait à nous comporter en esclaves. L'expérience prouva qu'il avait ses raisons.

Après les prosternations, nous apprîmes à nous tenir debout, autre position clé de notre ministère. Au côté de nos maîtres ou devant leur porte à attendre leurs ordres, nous allions être dressés tout le jour, et la nuit à tour de rôle. Notre posture devait être irréprochable et nous nous exerçâmes à rester, des heures durant, le corps parfaitement droit, les mains plaquées de chaque côté des cuisses, sans le moindre tressaillement, veillant à composer sur nos visages une expression de docilité et d'humilité, prêts à répondre à toutes les exigences et à tous les caprices.

Nous envisageâmes ensuite les promenades, car, outre ses deux eunuques préférés qui lui soutenaient le bras lorsqu'elle marchait, une concubine ou une impératrice ne sortait jamais sans l'escouade des castrats de son palais, chargés de tous les objets et accessoires qu'elle était susceptible de réclamer au cours de sa flânerie. C'était une véritable procession, où les eunuques devaient avancer à cadence régulière, en accordant leurs pas les uns aux autres, dans la plus parfaite harmonie. La troupe des plus humbles suivait le palanquin, tandis que les mieux considérés étaient autorisés à cheminer à côté et à y poser le bout des doigts, en signe de respect. C'était à ceux-là que revenait l'insigne honneur d'en écarter les courtines pour permettre à la dame d'entrer ou de sortir de sa voiture. Nous n'apprîmes, dans l'immédiat, qu'à marcher au pas cadencé ; la troupe des plus humbles, c'était nous qui allions la constituer.

Chaque leçon était suivie d'exercices pratiques où nous mimions ces gestes qui allaient bientôt nous devenir habituels. Malgré notre bonne volonté, nous étions tous d'une égale maladresse. Nos manières étaient gauches, nous nous trompions souvent. Le métier avait du mal à rentrer. Notre instructeur nous faisait d'abord une démonstration, que nous imitions de concert. Ensuite, chacun s'entraînait dans un coin, et il passait parmi nous pour corriger autant nos attitudes que nos mimiques. Souvent, il s'approchait d'un maladroit et le frappait. Il fallait, dans ce cas, ne jamais montrer de mécontentement, encore moins tenter d'esquiver le coup, mais répondre humblement : « Merci, maître. » Enfin, tour à tour, nous singions la scène devant les autres, et le maître critiquait notre prestation, afin que chacun tirât profit des erreurs de ses compagnons. C'était une sorte d'examen final, qui couronnait chaque nouvel apprentissage. La représentation avait intérêt à être impeccable, pour ne point attirer les foudres du maître. Nous le craignions tous ; il n'était jamais insultant, mais humiliant, et c'était pire. Les coupables de fautes répétées goûtaient à la bastonnade ou au cachot, et disaient merci, selon l'usage. Au début de ma formation, je me demandai souvent à quoi pouvaient rimer toutes ces mascarades ; à quoi servait de compliquer, de sophistiquer jusqu'au ridicule les gestes les plus élémentaires du quotidien, pourquoi diable fallait-il tant de mises en scène pour une tasse de thé, une pipe ou une jambière de pantalon ? La question me travailla longtemps, puis j'en arrivai à la conclusion que toutes ces pantomimes n'avaient de but que notre asservissement. Nous étions les esclaves du palais, et comme tels nous devions nous comporter, jusque dans les circonstances les plus anodines de la vie.

Ce que je craignais le plus, c'était de ne jamais parvenir à me rappeler toutes ces attitudes, toutes ces règles que nous avions ingurgitées en si grand nombre depuis quinze jours, et dont notre maître prétendait qu'elles n'étaient que les éléments de base de notre travail.

— En quinze jours, affirmait-il, je ne puis tout vous enseigner. Je vous ai, en fait, transmis le minimum, le reste vous viendra avec l'expérience. Souvenez-vous que vos fonctions requièrent, avant tout, de la psychologie. Cette qualité vous sera indispensable pour plaire et donner satisfaction à qui vous servirez.

Il ne pouvait, effectivement, nous en apprendre davantage en si peu de temps. Les eunuques représentaient une véritable armée de plusieurs milliers d'hommes, administrée par soixante-trois bureaux, et selon le grade, l'âge ou les attributions des maîtres à servir, les règles différaient considérablement. Pour l'heure, nous n'étions que des apprentis ; notre métier nous viendrait avec la pratique, le stage n'avait servi qu'à nous dégrossir.

Le moment d'être répartis entre les palais approchant, chacun de nous dut *reconnaître sa bannière*. J'ignorais, à l'époque, le sens de cette expression, mais je n'osais demander des explications. Je sus, par la suite, que, sous la dynastie des Qing, le peuple de Chine était divisé en huit groupes correspondant aux huit corps de l'armée mandchoue ; la bannière était un repère d'identité et le groupe, un réseau efficace d'amitié et de soutien. Je décidai, comme à mon habitude, de regarder ce qu'allaient faire mes condisciples et de les imiter. Notre instructeur appela un premier élève :

— Es-tu mandchou ou chinois ?

— Chinois.

— Quelle bannière as-tu choisie ?

L'autre hésita un moment.

— Celle à laquelle mon maître appartient déjà, finit-il par répondre.

— Espèce de singe ! ironisa le maître. Tu ne

manques pas de repartie. Si tu veux appartenir à la même bannière que moi, ce sera la rouge.

Aussi, lorsque vint mon tour, je choisis sans hésiter la bannière rouge. Le vieil eunuque me toisa avec un sourire en coin, mais il ne fit aucun commentaire.

Le soir même, nous reçûmes de nouveaux vêtements : une robe semblable à celle que nous portions déjà, une autre plus longue, une chemise sans manches, un caleçon, une ceinture, une paire de houseaux et une de bottes noires. Nous allions être présentés à la cour le lendemain, et le maître nous engagea à soigner notre apparence.

Je passai une nuit agitée. A l'aube du jour suivant, un fonctionnaire vêtu d'une longue robe brodée d'un phénix, portant bonnet et bottes bleues, vint nous chercher, avec dans la main seize planchettes de bois sur lesquelles figuraient nos noms. Il nous appela un par un, nous examina des pieds à la tête, et lorsqu'il eut vérifié que nous étions tous impeccablement mis, il nous entraîna à sa suite sur un chemin pavé de dalles blanches. Nous franchîmes plusieurs grands porches. Nous avions la tête courbée, mais je me repaissais à la dérobée de la magie des lieux, jetant des coups d'œil avides et émerveillés aux bâtiments somptueux qui me semblaient ondoyer, telle une mer immense dont les toits vernissés, en ailes d'hirondelle, figuraient les vagues écumeuses. La tête me tournait.

Nous arrivâmes enfin dans la cour d'un pavillon qu'un panneau gravé de caractères d'or annonçait être celui de l'Esprit cultivé, où les empereurs des Qing recevaient leurs ministres. Une centaine d'eunuques et de servantes attendaient déjà, parfaitement alignés. Nous rejoignîmes leurs rangs, et patientâmes une heure encore, jusqu'au moment où un fonctionnaire annonça :

— Le palanquin de l'aïeule sacrée.

Tout le monde se figea d'un coup. Un silence de plomb s'abattit sur la cour. Nul n'osait plus respirer. Un groupe de gardes, suivis d'une escorte d'eunuques et de demoiselles d'honneur, firent bientôt leur entrée, entourant un palanquin drapé de soie jaune sur lequel des dragons d'or enlaçaient des phénix bleus. Les porteurs traversèrent la cour en effleurant le sol, sans une secousse, dans un accord parfait. A gauche du palanquin se tenait un homme long et sec, au visage en lame de couteau, les pas feutrés par de hautes bottes de satin bleu. Le bas de sa robe était orné de grues et le dos de son gilet brodé d'un dragon doré ; il portait sur la tête un chapeau rouge à plumets et autour du cou, un collier de perles d'ambre.

C'était Li Lianying, le chef du palais de l'impératrice douairière Cixi, son favori. Lorsque le palanquin fut posé à terre, il écarta délicatement les rideaux et aida la Vénérable Aïeule impériale à sortir de sa voiture. Une déesse m'apparut alors, la reine mère de l'Occident en personne, étincelante, charriant dans son sillage des flots de soie et d'or, des cascades de perles et de jade, la tête ceinte d'une éblouissante coiffure ornée de bijoux et de fleurs. Tout en elle exprimait qu'elle n'était point de ce monde ordinaire, mais une divinité descendue du Ciel. Elle sortit avec des gestes lents, et toute l'assemblée se prosterna à sa vue, en criant : « Mille bonheurs, Vieux Bouddha. » Soutenue par Li Lianying, elle gravit doucement les marches du palais et pénétra dans la salle d'audience.

Le fonctionnaire à bonnet bleu qui nous avait conduits jusque-là vint se prosterner devant son trône, et il se frappa lourdement le front par terre avant de lui présenter les seize planchettes de bois.

— Que la Vénérable Aïeule daigne faire son choix.

Li Lianying lui prit les planches des mains et les remit à Cixi. L'instant d'après, un eunuque ordonna de faire entrer les nouvelles recrues, et le fonctionnaire nous appela, un par un. Nous entrâmes en bon ordre dans la salle d'audience et nous nous agenouillâmes devant l'aïeule. Elle nous dévisagea minutieusement, à tour de rôle, tout en consultant nos noms sur la plaque de bois, et à l'issue de cet examen, elle en sélectionna cinq. Puis elle quitta le palais, remonta dans son palanquin, et repartit comme elle était arrivée.

Li Lianying, qui était resté, appela les cinq adolescents choisis par l'impératrice et rendit les onze planches restantes au fonctionnaire. Je n'avais point été retenu, et je fus affecté sur-le-champ au service de maître Diba, l'un des chefs du palais de la Tranquillité Terrestre.

Je me prosternai humblement devant lui en me frappant le front par terre et je murmurai « maître ». Il me toisa un moment en silence, puis il me demanda quels étaient mon âge, mes origines, la couleur de ma bannière ; lorsque je lui eus répondu, il me fit relever et m'entraîna à sa suite vers le palais de la Tranquillité Terrestre, la résidence de l'impératrice Xiaoding, l'épouse en titre de l'empereur Guangxu et la propre nièce de l'impératrice douairière Cixi.

L'impératrice Xiaoding était une épouse délaissée. L'empereur, qui ne l'aimait point, ne l'honorait de sa présence ni la nuit, ni le jour. Aussi, autant la résidence de la favorite Zhen, qu'il adorait, était un lieu de liesse et de gaieté, autant le palais de la Tranquillité Terrestre était sinistre. Ici, point de fêtes, point de chants et point de musique ; rares étaient les visites. Elle prenait ses repas avec l'impératrice douairière ou, plus exactement, elle mangeait à sa table puisqu'elle devait attendre que la vieille aïeule eut achevé de se régaler pour se nourrir de ce qu'elle avait laissé. En un mot, elle finissait ses reliefs, honneur insigne dont chacun rêvait d'être comblé. Il arrivait parfois que, dans un moment d'infinie bonté, l'aïeule invitât un eunuque ou une demoiselle d'honneur à finir un plat auquel elle avait goûté ou à boire un fond de thé resté dans sa tasse ; dès lors, l'heureux bénéficiaire était investi d'un prestige nouveau et sa promotion suivait aussitôt ; certains gravissaient ainsi les échelons de la hiérarchie en vidant les assiettes, provoquant les rancœurs et les jalousies de ceux qui n'avaient jamais eu le bonheur de déguster les précieux restes.

Ma position me tenait à l'écart de ces joyeusetés. L'essentiel de mes activités consistait à servir maître Diba. Aidé par mon naturel soumis, maniable et discipliné, je n'eus aucune peine à le contenter. Je me levais à l'aube, je remplissais des cuvettes d'eau pour qu'il pût se rincer la bouche et se laver le visage à son lever, je préparais son thé, j'allais chercher son petit déjeuner aux cuisines et je revenais le réveiller. Je l'aidais à s'habiller, je lui servais son repas, puis, le temps qu'il vaquât à ses occupations, je rangeais, je nettoyais, j'astiquais. Il rentrait pour le déjeuner et repartait jusqu'au dîner ; le soir, lorsqu'il était fatigué, je lui massais les jambes et je restais auprès de lui tout le temps qu'il l'exigeait. Parfois, j'étais de veille et je passais la nuit debout devant sa porte. Les autres soirs, je somnolais d'un œil, prêt à répondre à son appel. C'était une question d'habitude ; certains de mes collègues, dont le sommeil était plus lourd, se firent maintes fois réprimander pour leur manque de vélocité, mais je n'eus jamais ce problème. J'avais été bien entraîné par Qing Deshun et, de mes nuits passées à lui tenir la porte, j'avais gardé un sommeil léger.

Ainsi, je m'acquittai de ma tâche avec diligence et application, sollicitude et discrétion, et mon maître n'eut jamais qu'à se féliciter de mes services. Il eut très vite de l'affection pour moi et je lui vouais pour ma part un respect et un attachement sincères.

J'entretenais par ailleurs des rapports paisibles avec mes collègues que je traitais avec autant de précautions et d'égards que les chefs du palais. J'étais trop timoré pour avoir de l'ambition, aussi ne fis-je jamais partie d'aucune cabale et ne portai-je jamais ombrage à personne. Toujours disponible pour les travaux pénibles que d'autres rechignaient à exécuter, j'acceptais avec humilité les remontrances et j'ignorais les offenses, le mépris ou les railleries. Je ne me mêlais à d'aucune dispute, à aucun conflit. J'étais réservé et discret à en faire oublier que j'existais. Ainsi, ne gênant personne, je me fis accepter, sinon apprécier, de tous.

A la vérité, j'étais peu soucieux de monter en grade et cette insignifiance me convenait. Une de mes principales occupations, lorsque maître Diba n'avait point besoin de mes services, consistait à entretenir les sanctuaires et salles de dévotions du palais. Je nettoyais les sols, j'entretenais l'encens, je remplaçais les bougies. Les dieux étaient légion et les activités religieuses fort nombreuses ; les principales tournaient autour du chamanisme qui constituait la religion des Mandchous, mais les croyances de la famille impériale étant très éclectiques, le bouddhisme, le taoïsme, le lamaïsme et les croyances populaires étaient fort bien représentés. Je me souviens qu'au sud-est du palais de la Tranquillité Terrestre se dressait un grand poteau en chêne qu'on appelait le Mât Sacré. Sous la lumière du soleil ou de la lune, il projetait une ombre sur le sol, ombre elle aussi sacrée, qu'il était formellement interdit de fouler et que pas même l'empereur ne pouvait enjamber. Au faîte était posé un petit bol rempli des cinq céréales : riz, millet glutineux, millet non glutineux, blé et haricots, en offrande à l'Oiseau Divin. La plupart du temps, c'était moi qui grimpais au sommet pour vérifier si le bol était toujours plein et remplacer les graines. Chaque fois, j'espérais voir l'Oiseau Divin. Au mieux, je voyais des corbeaux.

Ce travail me plaisait. J'aimais ces moments en compagnie des dieux, non point que je fusse religieux, mais je goûtais la paix des lieux. Dans le pavillon de la Douceur de l'Ouest, il y avait une très belle niche sculptée dans laquelle trônait une divinité du chamanisme, qu'un rideau de satin jaune bordé de noir dissimulait aux regards profanes. Il était évidemment tabou de le relever ; combien de fois, alors que je me trouvais seul dans la salle, n'ai-je point été tenté d'en soulever un coin pour voir enfin à quoi ressemblait ce dieu si mystérieux. Pourtant, j'étais si craintif et si respectueux des interdits qu'à mon départ de la Cité, j'ignorais toujours la forme qu'il avait. Ce qui m'intriguait bien davantage, c'était le grand sac de tissu blanc accroché au mur ouest du même pavillon. Je ne pouvais entrer dans la salle sans aller le palper, et chaque fois, je le sentais pareillement vide. J'aurais pu jeter un coup d'œil à l'intérieur, car j'eus maints soirs la charge d'en assurer la garde et de passer des nuits entières seul à l'intérieur du sanctuaire, mais là encore, je n'osai transgresser l'interdit.

Un jour que maître Diba m'avait demandé de lui masser les jambes et que nous en étions venus à bavarder de mes occupations, je lui demandai enfin ce qu'il y avait dans cet étrange sac.

— Ah ! le fameux sac blanc, me dit-il gaiement, il en aura intrigué, des générations ! Moi aussi, à ton âge, je me posais la même question et comme toi, j'ai demandé aux vieux. Pas un ne m'a répondu la même chose. Selon les uns, il contiendrait un très ancien miroir pour chasser les démons ; selon les autres, une statuette qui aurait vaguement forme humaine mais qui ne serait pas celle d'un homme. Pour d'autres encore, ce serait le sac que le fondateur de notre dynastie aurait utilisé pour ramener ici les reliques de son père et de son grand-père, et dont les générations suivantes auraient fait un objet de vénération en mémoire de leurs ancêtres. Qui a tort, qui a raison, je ne saurais te le dire ; je me contente de te répéter ce qu'on m'a répondu à ton âge.

Pour avoir tâté et retâté le sac, je savais qu'il ne contenait ni miroir ni statuette, et je me satisfis de la dernière explication.

Le premier et le quinzième jour du mois, notre palais organisait une cérémonie destinée à attirer sur lui le bonheur et la richesse et à en expulser les puissances malfaisantes et les maladies. Quelques jours auparavant, les cuisiniers préparaient de l'alcool de riz pour les libations et des gâteaux de millet glutineux pour les offrandes. Au matin de la cérémonie, à l'heure de la cinquième veille, je devais placer neuf soucoupes contenant un gâteau devant la statue de chaque divinité, et disposer, sur les deux longues tables dressées au centre de la salle, les objets qui allaient servir au rituel. C'étaient, pour autant que je m'en souvienne, des clochettes de cuivre, un *pipa*, une guitare à trois cordes, un tambour, un tambourin, des cliquettes, un long couteau, des flèches et des vases d'alcool.

Deux chamanesses, vêtues de longues robes à motifs floraux, avec de grands pendants d'oreilles et des chaussures brodées à semelles très épaisses, présidaient au rituel, qui était toujours le même : au centre de la pièce, la première commençait à pincer les trois cordes de la guitare, cependant que la seconde, qui s'était accroché les clochettes sur la hanche, secouait le tambour d'une main, et de l'autre la paire de cliquettes. Dans un premier temps, elles jouaient de la musique, puis elles se mettaient à danser, d'abord au centre de la salle, puis vers toutes les directions, en psalmodiant des chants aux paroles incompréhensibles mais censées être propitiatoires, d'une voix très rauque et très grave.

A la fin de leur danse qui ressemblait à une transe, elles criaient d'apporter les sacrifices, et, de l'extérieur, des serviteurs apportaient deux cochons égorgés. Lors, les chamanesses récitaient des prières en langue mandchoue, puis elles versaient l'alcool de riz dans les oreilles des deux bêtes en disant : « Que les dieux daignent accepter ce sacrifice. » Enfin, les cuisiniers entraient. Avec le couteau à longue lame, ils fendaient les cochons en deux, en commençant par la tête, et les quatre moitiés étaient cuites sur place, dans d'immenses chaudrons sacrés. La cérémonie proprement dite était terminée. Quelques heures après, lorsque les cochons étaient cuits, les cuisiniers en découpaient les meilleurs morceaux et les hachaient jusqu'à obtenir une sorte de purée qui était offerte à chaque statue. Les serviteurs pouvaient alors se partager les restes, mais le règlement interdisait formellement de sortir la viande du palais. On devait la consommer sur place et veiller tout le long du repas à ne prononcer aucun des mots tabous ayant trait à la mort ou aux funérailles. En fait, aucune de ces consignes n'était respectée et la plupart du temps, les chefs eunuques se hâtaient de récupérer la viande pour la vendre à certains restaurateurs de la ville et se partager le bénéfice. Une viande sacrificielle venant de la Cité Interdite s'arrachait à prix d'or, et comme la cérémonie avait lieu tous les quinze jours, c'était un gain non négligeable.

— Le feu est allumé sous les chaudrons depuis que le fondateur de notre dynastie s'est rendu maître de l'empire, me dit un jour maître Diba d'un air tellement espiègle que je ne sus si je devais le croire. Depuis deux cent cinquante ans, c'est dans le même jus que la viande est cuite, et c'est cela qui la rend si bonne.

Pour me prouver ce qu'il affirmait, il m'offrit d'en goûter un petit morceau arrosé d'un filet de sauce. Je lui trouvai une saveur succulente ; Diba, cependant, n'en mangeait jamais. Comme tous les chefs de palais, il disposait de sa cuisine personnelle. Cinquante taëls d'argent lui étaient alloués par mois pour sa nourriture, et cette somme lui permettait de s'offrir quotidiennement des mets bien supérieurs à ce qui n'était qu'un vulgaire bout de cochon, malgré sa sauce bicentenaire. Pour la même raison, ses pairs dédaignaient tout autant que lui ce banquet de gueux et préféraient le vendre à des restaurants chics où des clients fortunés payaient des sommes extravagantes pour se donner l'illusion qu'ils mangeaient comme l'empereur.

Les plus grands des eunuques, tel Li Lianying le tout-puissant chef du palais de l'impératrice Cixi, qui, officiellement, recevaient cent taëls d'argent pour leurs repas, ne dépensaient en fait pas le moindre sou à se nourrir. Li Lianying, par exemple, se faisait préparer ses plats par les cuisiniers de sa maîtresse, sur le compte de celle-ci. Il avait la réputation d'avoir le goût si exigeant qu'on le disait plus difficile à satisfaire que l'impératrice elle-même. Un seul de ses repas valait plus de deux mois de salaire d'un simple eunuque comme moi ; son train était véritablement impérial. Par souci des bienséances, il était obligé de ne pas vivre sur un plus grand pied que l'empereur ou l'impératrice, mais je puis dire sans exagérer qu'il vivait sur le même. Les grands eunuques logeaient dans des appartements somptueux, luxueusement meublés et magnifiquement décorés. Ils disposaient, en moyenne, d'une trentaine de domestiques à leur propre service et d'autres au service de leurs chiens, car ils avaient la manie d'élever des pékinois. Chacun de leurs roquets avait pour le moins un ou deux valets pour le toiletter, le promener et le faire manger ; et lorsque mon père avait passé sa vie à se nourrir d'une galette de maïs, les chiens des grands eunuques dédaignaient de pleines assiettes de foie, de poisson ou de crevettes.

Tous ces grands messieurs, qui n'avaient rien d'autre à faire de leurs journées que de flatter les souverains, de jouer aux cartes et aux dominos ou de s'amuser avec leurs chiens, tuaient l'ennui en formant des coteries, passant des heures à échafauder des plans pour nuire à leurs adversaires ou entrer dans les grâces des favorites ; ou bien, ils menaient des tractations douteuses avec les courtisans auxquels ils vendaient leurs services à prix d'or. Passerelles incontournables entre les hauts dignitaires et la famille impériale, les grands castrats étaient plus courtisés que l'empereur lui-même, car leur influence était telle qu'ils pouvaient à leur gré obtenir la promotion ou la dégradation de qui leur avait plu ou déplu. Leur plaire n'étant qu'une question de prix, tout comme les charges et les titres de noblesse qu'ils vendaient aux enchères, leur fortune était considérable. Aussi considérables étaient leur arrogance et leur brutalité ; ils nous terrorisaient, car, lorsqu'ils se sentaient de méchante humeur ou que leurs maîtres se permettaient de leur faire une remontrance, c'était sur nous, les humbles, qu'ils passaient leur colère, sans autre motif que leur énervement. Ainsi vivions-nous constamment dans la peur. Celle que nous inspirait la famille impériale qui avait droit de vie et de mort sur la Cité ; celle que nous inspiraient les chefs de palais sous les ordres desquels nous étions placés ; celle que nous inspiraient les grands castrats qui régnaient en despotes sur toute la domesticité.

J'avais pour ma part la chance extrême d'avoir été confié à maître Diba qui n'était ni tyrannique ni cruel, mais tous mes collègues ne partageaient point mon aubaine, et les suicides n'étaient pas rares dans les palais. Nombre de jeunes eunuques et de demoiselles d'honneur mirent fin à leurs jours au temps que j'étais dans la Cité, en dépit des mesures draconiennes qui étaient prises pour parer à cette extrémité : l'inhumation était refusée aux suicidés et leurs cadavres étaient jetés dans la campagne pour être dévorés par les charognards. Par ailleurs, toute la famille du défunt était exilée dans des régions frontalières, essentiellement le Heilongjiang, pour servir d'esclaves aux troupes qui y étaient cantonnées. Les désespérés qui, au mépris de ces menaces, étaient décidés à commettre l'irréparable, avaient intérêt à ne pas rater leur suicide, car aucune grâce n'était accordée au rescapé. Il était traduit devant le tribunal intérieur et le jugement se soldait immanquablement par la sentence de mort par étouffement, une torture particulièrement cruelle : on lui enveloppait la tête de sept couches de coton trempé dans l'eau glacée après lui avoir obstrué la bouche, le nez et les oreilles, puis on le rouait de coups de bâton jusqu'à le briser. C'était un supplice atroce qui n'était d'ailleurs pas exclusivement réservé aux suicidaires : en septembre 1898, peu après mon arrivée, dans la période de reprise en main des affaires de l'Etat par l'impératrice douairière qui suivit le mouvement de réforme avorté qu'avait tenté l'empereur Guangxu, la Vénérable Aïeule fit exécuter de cette manière un grand nombre d'eunuques proches de l'empereur, qu'elle soupçonnait d'avoir servi d'agents de liaison entre lui et les intellectuels inspirateurs du mouvement, ainsi qu'une trentaine d'eunuques de la résidence de la favorite Zhen, pareillement accusés de complicité.

La vieille impératrice était d'une rare cruauté et je n'avais de cesse de remercier le Ciel de n'avoir point été sélectionné par elle le jour où nous lui avions été présentés. Etre affecté dans son palais était la pire des choses qui pouvaient arriver à un jeune eunuque, car c'était dans sa résidence que les serviteurs étaient le plus maltraités. Il ne se passait pas un jour qu'elle n'en fît bastonner une bonne centaine, à la faveur d'une règle qui voulait que pour la faute d'un seul, tout le groupe de travail auquel il appartenait fût châtié. Les eunuques de son palais en étaient arrivés à se caparaçonner sous leurs vêtements, en s'attachant des bandes de cuir d'un demi-mètre de large autour des cuisses et du postérieur, afin de pouvoir supporter leur ration quotidienne de coups. La ruse était connue de nous tous, mais l'aïeule apparemment l'ignorait, puisqu'elle ne fut jamais dénoncée. La première urgence, pour ceux qui étaient désignés au service de sa maison, était donc de se pourvoir d'un « Bouddha protecteur du corps », du nom de code que l'on donnait aux bandes de cuir salvatrices, mais elle avait à son actif bien d'autres cruautés contre lesquelles il n'y avait pas moyen de se prémunir. Ainsi, ce vieil eunuque qui l'avait fidèlement servie des décennies durant et qu'elle obligea, en un jour de colère, à manger ses propres excréments, devant tous les membres de son palais. Il avait avalé sans broncher un plein bol de ses matières fécales, sous les quolibets humiliants de celle à laquelle il avait dévoué sa vie, et en rentrant chez lui il s'était suicidé.

En dehors de Li Lianying, le grand castrat qu'elle couvait des yeux comme un amant, elle traitait tout le monde en esclave ou comme du bétail. Elle aimait boire du lait et, s'étant mis en tête qu'aucun ne pouvait être meilleur à sa santé que celui d'une femme, elle avait deux nourrices pour l'allaiter. Chaque matin, après s'être lavé très soigneusement les seins, les deux malheureuses laitières devaient se présenter torse nu dans la chambre de la vieille impératrice et s'agenouiller chacune d'un côté de son lit, en attendant qu'elle s'éveillât. Ainsi, sitôt qu'elle ouvrait un œil, tout en restant allongée, elle se tournait sur le côté et les tétait comme un bébé. Fort exigeante sur la qualité du lait qu'elle buvait, elle avait décrété que les épices et condiments en altéraient la pureté, et les deux nourrices étaient ainsi condamnées à ne manger que de la viande ou du poisson bouilli, sans même pouvoir y ajouter une pincée de sel ou une cuiller de sauce de soja. Elles ne buvaient que de l'eau plate. Leur vie était infernale mais leur lait délectable.

J'étais au courant de toutes ses bizarreries par ceux de mes collègues qui servaient son palais, car malgré l'obligation de réserve qui aurait dû prévaloir, de quoi pouvions-nous parler, sinon de ceux pour lesquels nous passions notre vie enfermés dans la Cité ? Ainsi, quelques mois après mon arrivée, j'avais entendu plus d'histoires sur ceux qui nous gouvernaient que le mieux inspiré des conteurs n'aurait pu en imaginer. Ce qui semblait préoccuper le plus mon entourage était néanmoins de savoir ce que la vieille impératrice faisait avec son grand eunuque dans l'intimité de sa chambre à coucher. Je me souviens de la première fois que j'en ai entendu parler ; c'était le 15 du huitième mois lunaire de l'année 1899. J'ai retenu la date, car c'était celle de la fête du milieu de l'automne, que la famille impériale passait toujours dans le palais d'Eté, à l'ouest de la capitale. Seuls les chefs de palais et les eunuques les plus gradés étaient autorisés à assister aux festivités, et comme beaucoup d'autres de mes confrères, j'étais resté pour garder les bâtiments en l'absence de leurs propriétaires.

J'avais ainsi goûté ma première journée de vacances depuis mon arrivée. Le soir, pour prolonger cette sensation grisante de paix et de liberté, je m'étais promené dans les allées silencieuses du palais, avant de me joindre à un groupe de vieux eunuques qui profitaient eux aussi de la détente exceptionnelle que nous offrait l'absence de nos maîtres, pour se livrer à leur passe-temps favori : les commérages. La conversation était engagée sur Li Lianying, que tout un chacun dans la Cité détestait autant qu'il le craignait.

— Et c'est tous les jours pareil ! disait un vieux au visage ratatiné comme un fruit sec, tout en tirant sur sa pipe. Dès le matin, elle envoie des gamins se renseigner pour savoir s'il a bien dormi, s'il a bien mangé, s'il se sent dispos ; et comme lui, il fait la même chose, dès leur réveil, c'est toute une armée qui se croise dans les couloirs pour prendre des nouvelles de l'un et de l'autre ; ce qui ne les empêche pas de remettre ça lorsqu'ils se rencontrent.

Il se prit à les imiter en minaudant.

— « Tout va bien, vous avez passé une bonne nuit ? Bien déjeuné ? » Quelquefois, elle va elle-même le chercher dans ses appartements. « Li Lianying, on va faire un petit tour ? » Et lui qui se précipite, tout sourire, pour la prendre par le bras. Faut les voir pour le croire ! Tout le temps qu'ils se promènent bras dessus bras dessous, nous, qui sommes obligés de les suivre de loin, on a le sentiment d'être de trop. C'est comme les soirs où elle le fait venir dans sa chambre à coucher et qu'il n'en ressort qu'après minuit. Ils discutent de taoïsme et échangent des recettes de longévité, paraît-il. Moi, je veux bien, mais ce que je sais, c'est que leur échange, il m'a tout l'air d'être intime.

— Je ne sais pas si vous vous souvenez de la fois où il avait été malade, continua un autre d'une cinquantaine d'années, préposé à l'entretien de la cour et des allées. Elle avait fait appeler son médecin personnel et elle s'était occupée elle-même de lui faire prendre ses médicaments. Personne d'autre qu'elle n'avait le droit d'y toucher. Elle n'avait pratiquement pas quitté son chevet.

— C'est comme l'histoire des massages, intervint un troisième. Je ne sais pas si vous vous rappelez. C'était à l'époque où l'épouse du défunt empereur Xianfeng assurait la régence ; dans l'hiver 1880, si ma mémoire est bonne. Un jour, elle décide d'aller voir Cixi sans prévenir. Tous les collègues étaient partis déjeuner, et il ne restait plus qu'un jeune pour garder la porte. En la voyant arriver, le gamin veut aller avertir sa maîtresse, mais voilà qu'elle l'écarte, et qu'elle entre sans se faire annoncer. Et là, qu'est-ce qu'elle trouve ? Cixi en robe d'intérieur fendue jusqu'aux hanches, avachie sur un canapé, les jambes nues passées sur celles de Li Lianying assis à côté d'elle, et lui qui lui caressait les cuisses en lui racontant Dieu sait quoi à l'oreille qui la faisait glousser de rire. C'est le petit qui gardait la porte qui me l'a raconté. En voyant arriver la grande impératrice, Cixi se redresse d'un bond pour l'accueillir. Li Lianying, tremblant comme feuille au vent, se lève pour la saluer, et là, elle lui dit : « Votre effronterie dépasse les bornes ! Sied-il à un domestique de s'asseoir en compagnie de sa maîtresse ? » Et Cixi qui répond : « C'est moi qui lui ai demandé de me faire un petit massage, car j'ai si mal aux jambes depuis quelque temps que je ne parviens presque plus à marcher. Il lui était malaisé de me masser debout, aussi l'ai-je autorisé à s'asseoir à mes côtés. » Elle pensait s'en sortir à bon compte, mais la grande impératrice ne l'a pas entendu de cette oreille. « A l'avenir, qu'elle lui a dit, je vous serais obligée de bien vouloir respecter les conventions fixées par le défunt souverain. A trop se familiariser avec les eunuques, ils finissent par devenir intrigants, et je ne veux pas les voir mettre notre dynastie en péril comme ils l'ont fait au temps des Ming. Je vous demande d'être plus vigilante et de ne plus leur permettre ces privautés préjudiciables. »

— Et Cixi, dit un plus jeune que l'histoire amusait, comment a-t-elle réagi ?

— Elle ne savait plus où se mettre ; elle était plus rouge qu'une pivoine, et pour se donner une contenance, elle s'en est prise à Li Lianying : « Où sont mes serviteurs ? qu'elle lui a dit. N'est-ce point toi leur chef ? Alors, qu'attends-tu pour aller les chercher au lieu de rester planté là ? » Et lui de partir à reculons en faisant des tas de courbettes, et la grande impératrice de continuer son sermon : « Vous donnez trop de pouvoirs à cet esclave. Savez-vous comment on le surnomme à l'intérieur de la Cité ? Le vice-empereur ! Vous me feriez plaisir en vous montrant plus prudente désormais. » Là-dessus, la voilà partie fâchée.

— Je m'en souviens, dit celui qui balayait la cour. C'est l'époque où, pendant des mois, elle n'est pas sortie de son palais, sous prétexte qu'elle avait mal aux jambes.

— Tout juste, reprit le premier. Même que pour le Nouvel An et la fête des Lanternes, elle est restée confinée chez elle, si bien que la grande impératrice a fini par lui envoyer ses médecins personnels. Bizarrement, aucun traitement n'a jamais pu la soulager, jusqu'au jour où la grande impératrice est morte, en mars 1891. Comme par enchantement, une heure après, toutes ses douleurs ont disparu et elle n'a pas tardé à sortir pour se mettre à gouverner. Des mois durant, elle avait ainsi fait semblant d'être malade pour protéger son Li Lianying. C'est dire l'affection qu'elle lui porte. Quand je pense que, lorsqu'il est entré dans son palais, c'était un misérable comme nous, qui astiquait les sols !

— En fin de compte, ce type-là, il est vraiment châtré ou pas ? demanda tout de go le plus jeune du groupe.

Le vieux à peau de figue eut une lueur de panique dans le regard, et il se hâta de faire taire l'imprudent qui avait parlé fort.

— Ne dis donc pas n'importe quoi ! Tu veux tous nous faire tuer ou quoi ? Si jamais on t'entendait dire ça, tu te retrouverais avec la tête en moins avant même d'avoir achevé ta phrase !

— C'est pourtant bien ce qui se racontait sur son prédécesseur, An Dehai, vous vous souvenez peut-être, celui qui a fini décapité par Ding Baoze, le préfet de Shandong, chuchota celui chargé de nettoyer les dalles.

— Un peu que je m'en souviens, souffla le vieux. Un sacré gaillard qui aimait les femmes.

— Il les aimait tant que le bruit courait qu'il n'était pas plus châtré que moi je suis empereur. Il faut avouer que c'était un bel homme, et qu'il ne ressemblait pas à un eunuque. De là à dire qu'il ne l'était pas... Jamais personne n'est allé vérifier.

— Rien n'est moins sûr, dit le vieux ridé, car souvenez-vous qu'après sa mort Yan Wenjie, le chef du bureau des Affaires intérieures du palais, avait invité l'impératrice à faire procéder à un deuxième examen sur tous les eunuques du palais. On appelait ça la « deuxième récolte du vieux Yan », à l'époque. Ce n'est certainement pas pour rien qu'il avait osé présenter cette requête. Je me rappelle que Li Lianying avait fort mal réagi à cette éventualité et qu'avec d'autres chefs de palais, il avait monté une cabale contre Yan Wenjie. Ils ont si bien réussi que le vieux Yan a fini par être démisssionné et qu'après lui plus jamais personne n'a osé reparler d'une nouvelle vérification. Ce qui ne prouve rien quant à Li Lianying, mais il vaut mieux éviter de trop en raconter. Si jamais de tels propos lui arrivaient aux oreilles, ce serait notre arrêt de mort.

Le plus jeune hocha la tête d'un air contrit et ne dit plus rien de la soirée. La conversation continua jusqu'au retour de la cour, et j'entendis conter tant d'histoires de complots, de perfidies et de cruautés, que lorsque arriva le cortège magnifique, je me demandai par quel don miraculeux les puissants parvenaient ainsi à transformer la laideur en beauté, la noirceur en éclat et le mensonge en vérité.

Chapitre 9

L'exil de la cour après l'attaque de Pékin par les troupes étrangères

En 1900, moins de deux ans après mon arrivée dans la Cité, et contre toute attente, j'entrai au service personnel de l'impératrice Xiaoding, dans des circonstances fort mouvementées. Au mois de mai de cette année, les Boxers, franchement hostiles à la présence étrangère sur le sol chinois, avaient atteint la capitale, et dans le souci de protéger leurs ressortissants, la Russie, la Grande-Bretagne, les Etats-Unis, le Japon, l'Allemagne, la France, l'Italie et l'Autriche avaient allié leurs forces pour tenter d'écraser ce mouvement xénophobe. Alors, sous le prétexte de défendre leurs légations, quatre cents soldats avaient investi Pékin, et, à la cour, les réactions étaient partagées : un premier courant, sous la houlette du prince Duan Zaiyi, de Gang Yi, l'un des chefs de l'Académie, et de Wu Yuxian, le préfet de Shandong, était favorable à une déclaration de guerre. Le second, derrière Rong Lu, le ministre des Armées, était partisan d'un compromis pour sauvegarder la paix, mais, rangée à l'avis du prince Duan, l'impératrice Cixi opta pour le conflit en choisissant de soutenir les Boxers contre les étrangers.

Le 10 juin 1900, après que les Boxers eurent mis les églises à feu et à sang, massacré les missionnaires et les

Chinois convertis, assassiné le chancelier de la légation japonaise et mutilé son cadavre, l'amiral britannique sir Edward Seymour reçut l'ordre de prendre le commandement d'un corps expéditionnaire de deux mille hommes pour attaquer Pékin. La guerre était déclarée. Le 4 août, les troupes étrangères étaient aux portes de la ville avec tout le cortège des folies meurtrières accompagnant les guerres : pillages, incendies, viols, rien ne nous fut épargné ; avec leur progression, le désordre et la panique gagnèrent peu à peu la Cité. De volte-face en changement de position, l'impératrice Cixi semblait ne plus savoir quel parti prendre. Un soir que je le massais, maître Diba me confia que, dans la nuit précédente, elle avait réuni en conseil exceptionnel tous ses ministres afin d'évaluer l'urgence de la situation, et qu'elle avait violemment critiqué le prince Duan, qu'elle accusait d'avoir poussé à la guerre sous prétexte que les Boxers connaissaient des rites et des techniques magiques leur permettant de résister aux armes des étrangers. Or, l'échec était patent, en dépit des promesses. Le prince Duan avait tenté de se défendre par des explications oiseuses. Les Boxers, selon lui, avaient transgressé les tabous, et, surtout, les soldats étrangers auraient porté sur eux du sang menstruel qui les rendait invulnérables à la magie de leurs adversaires. Il l'avait néanmoins assurée de l'invulnérabilité des enceintes de la ville. Les troupes étrangères, il était formel, ne dépasseraient point les faubourgs, et la capitale était hors de danger. Elle n'avait eu cure de ses certitudes, et lui avait vivement reproché d'avoir fabriqué de toutes pièces les déclarations humiliantes qu'il avait attribuées aux diplomates étrangers, et sur la base desquelles la guerre avait été décidée. Comme elle le menaçait de lui trancher le col, il s'était prosterné pour proclamer son innocence, mais elle l'avait fait taire en le traitant de fils de chien et de criminel qui avait misé sur le conflit pour se débarrasser d'elle et de l'empereur Guangxu. Enfin, elle l'avait fait chasser de la salle d'audience.

Telle était l'atmosphère qui régnait à l'intérieur de la Cité Interdite, d'où nous pouvions entendre les canons gronder, les balles siffler, les édifices s'écrouler, avec, en bruit de fond, les lamentations, les pleurs et les cris qui montaient des palais gagnés de jour en jour par la terreur. Avec le contrôle de la situation, l'impératrice douairière perdait elle aussi celui de ses nerfs. Elle fondait en larmes au cours de ses audiences, en suppliant ses ministres de lui éviter d'être massacrée, pour déclarer la minute d'après qu'il était préférable qu'elle se tuât avec l'empereur. Chacun était désemparé.

Du 4 au 13 août, nous vécûmes dans la crainte d'une attaque imminente, et lorsque, le 14, la nouvelle fut donnée qu'une première colonne était entrée dans la ville, la Vénérable Aïeule dépêcha ses eunuques dans chacune des résidences pour ordonner de rassembler tous les objets de valeur, et de les enterrer dans la cour du palais de la Paisible Longévité. La fuite pour Xian fut décidée.

Toute la nuit, dans le désordre et la panique, nous dissimulâmes ce qui pouvait être dissimulé en prévision du sac de la Cité, et nous réunîmes à la hâte de vulgaires carrioles et de modestes effets pour fuir dans la clandestinité. Tous ne pouvaient pas faire partie du cortège, et les chefs de palais devaient ne sélectionner qu'une poignée d'eunuques pour les accompagner, abandonnant les autres au massacre éventuel. Maître Diba me prit dans son escorte, et ainsi, le 15 août 1900 à cinq heures du matin, nous quittâmes le palais de la Tranquillité Terrestre pour celui de la Paisible Longévité d'où le départ était fixé.

Je ne reconnus point la vieille impératrice dans la petite femme dérisoire à qui nous dûmes présenter nos hommages ; modestement vêtue d'une vulgaire robe de toile bleue, elle avait le visage terne, creusé, fatigué, sans fard, les yeux rouges et boursouflés d'avoir pleuré, les cheveux noués en un simple chignon, à la façon d'une paysanne, et les ongles coupés ras, elle qui d'ordinaire en arborait de quinze centimètres de long. Elle était tragiquement humaine, presque ridicule, et je me rappelais avec un sentiment de profonde pitié que, deux années plus tôt, je l'avais prise pour une divinité. Je découvrais ce matin-là que son prestige et sa superbe ne tenaient qu'à quelques oripeaux de brocart et de soie. Je jetai un coup d'œil vers l'empereur, pâle comme un mort dans une misérable robe de cotonnade noire, qui triturait nerveusement une tabatière en or, comme le dernier vestige d'une gloire déjà déchue. Lui non plus ne ressemblait plus à un souverain.

La Vénérable Aïeule, jadis si autoritaire, avait la voix blanche et mal assurée.

— Les troupes étrangères se préparent à donner l'assaut, et la fuite est notre seule chance de salut. Nous partirons sur l'heure.

— Votre humble sujet vous supplie de lui permettre d'offrir sa vie pour le pays, lui dit alors l'empereur d'une voix lasse. Quittez la capitale pour vous mettre à l'abri tout le temps nécessaire, mais souffrez que je garde la Cité.

Lors, il se tut pour sangloter comme un enfant, dans le silence écrasant de l'assemblée.

— A quoi nous servirait ton sacrifice ? Ta mort serait vaine ; cette discussion est inutile, tu viendras avec moi, lui répondit Cixi. Maintenant, partons.

Elle se leva d'un bond, mais il resta cloué sur son siège, les yeux baissés sur la tabatière que ses mains pétrissaient pour masquer qu'elles tremblaient.

— Comment peut-on partir en laissant ici tant de monde à l'abandon ? continua-t-il.

— Ils nous rejoindront lorsque nous serons en sûreté. Partons maintenant.

Ne bougeant toujours pas, il tourna vers elle un regard éperdu et implorant.

— Et la favorite Zhen ?

— C'est donc cela ! hurla Cixi. Nous sommes au bord du gouffre et toi tu penses encore à cet esprit malfaisant, cette renarde, cette démone !

Les yeux exorbités par la colère, elle se prit à frapper rageusement sur un guéridon qui se trouvait à côté d'elle, puis elle se tourna vers l'un des chefs de son palais.

— Amenez-moi cette créature !

Quelques minutes plus tard, l'eunuque Cui Yugui réapparut avec la favorite. Elle avait les cheveux tout en désordre sur les épaules, un petit visage de papier mâché, les yeux cernés et les joues mouillées de larmes. Elle se prosterna devant la vieille impératrice qui la détestait autant que l'empereur l'adorait.

— Les soldats étrangers sont sur le point d'attaquer, lui dit froidement Cixi. Je voudrais bien t'emmener avec nous, mais la route n'est pas sûre. Nous ne sommes pas à l'abri d'attaques de brigands, et je n'ose imaginer ce que deviendrait une jeune et jolie fille comme toi entre leurs mains. La mort est préférable à l'opprobe, aussi, pour t'épargner le risque d'être violentée en chemin, j'ai décidé que tu resterais ici.

— Ma vie n'a point d'importance, dit fièrement la favorite. Mais un empereur qui fuit, c'est un pays déshonoré. Un souverain digne de ce nom ne doit point déserter son palais.

— Que dis-tu, misérable créature ? hurla Cixi en se levant d'un bond.

Elle eut un rire sinistre qui me glaça les sangs, et elle ajouta en grinçant des dents :

— La mort est au-dessus de ta tête et tu oses encore

me défier ! Insensée, je t'ordonne de te suicider sur-le-champ.

Pas un murmure ne monta dans l'assemblée, mais aux visages fermés, aux corps tendus et aux larmes que je voyais briller dans les yeux, je sus que nous étions tous pareillement bouleversés. Les gardes restèrent figés à leur place ; nul n'osait emmener la favorite Zhen. L'empereur et la favorite Jin, la sœur aînée de Zhen, se jetèrent aux pieds de la Vénérable Aïeule en se frappant le front à terre, pour tenter d'apaiser sa colère.

— Grand empereur, grand empereur, pardonnez-lui ses erreurs. Faites-lui grâce de la vie, grand empereur.

Mais elle leur cria, bouffie de haine :

— Je vous ordonne de vous lever ! D'où vous vient tant d'audace, que vous osez intercéder en faveur de qui m'a offensée ? Est-il temps, alors que votre propre vie est menacée, de songer à sauver celle d'une démone ? J'ai décidé qu'elle mourrait pour que sa mort serve d'exemple à qui serait encore tenté de me braver. Ma décision est prise, cessez ces simagrées. Cui Yugui, hâte-toi de l'emmener et d'exécuter mon ordre.

L'eunuque Cui Yugui s'approcha de la favorite Zhen, et lui donna de grandes bourrades dans le dos pour la faire avancer. Elle résista à ses poussées, le visage tourné vers l'empereur, pour lui crier à travers ses larmes :

— Nous nous retrouverons dans la vie prochaine. Grâces soient rendues à l'empereur.

Cui Yugui la traîna brutalement hors de la cour. L'empereur sanglotait, à genoux, le front dans ses mains. Touché par sa douleur, j'eus moi aussi envie de pleurer, et, alors que je n'avais pu éprouver de haine pour Qian le Quatrième grâce à qui j'avais été châtré et emprisonné dans la Cité, je haïssais Cixi, cette femme dégénérée, cette criminelle.

Au bout de quelques minutes d'insupportable attente, où elle resta insensible aux supplications de son neveu, le grand eunuque Cui Yugui revint annoncer :

— Votre esclave a noyé la favorite Zhen dans le puits de votre palais.

L'empereur se mit à hurler et elle eut un rictus de méchanceté triomphante. Les larmes me jaillirent des yeux malgré moi ; je me hâtai de les essuyer à la dérobée, et je m'efforçai de reprendre le contrôle de mes émotions, craignant que l'on ne me vît dans l'assemblée et que mon trouble ne fût interprété comme un affront à la grande impératrice, ce qui aurait pu me causer préjudice. Nul, cependant, n'eut le loisir de se soucier de mes émois, car bientôt Pu Lun et le dauphin firent une entrée précipitée pour annoncer que les troupes étrangères avaient franchi les portes Dongzhi et Qihua et saccageaient la ville. La Vénérable Aïeule devint livide et, jetant à la ronde des coups d'œil angoissés, elle demanda si les voitures étaient avancées. Gang Yi, qui se tenait à ses côtés, la rassura :

— Trois grandes calèches à mulets nous attendent en dehors du palais, grand empereur. Je vous supplie de ne plus tarder à vous mettre en route.

Cixi saisit le dauphin par la main, en murmurant :

— Partons au plus vite.

Puis elle fit signe à Pu Lun de s'occuper de l'empereur Guangxu qui se laissa entraîner sans résistance, marchant tel un automate, comme si son âme avait sombré au fond du puits avec sa favorite. Plusieurs dizaines de princes de sang et de grands courtisans qui devaient rester pour garder la Cité se prosternèrent sur leur passage. Gui Xiang, le propre frère de la vieille impératrice, lui demanda où elle comptait aller, mais elle l'écarta d'un geste sans même lui répondre et continua sa route, les yeux hagards. Elle semblait avoir cédé à la panique ;

sursautant au moindre bruit, jetant alentour des regards hébétés, elle s'engouffra dans une calèche à capote rouge et bleu et, une fois installée, elle sortit la tête par la fenêtre pour appeler son grand eunuque d'une voix fébrile.

— Lianying, je sais que tu n'as pas l'habitude de monter à cheval, viens t'asseoir sur le siège à côté du cocher.

Sans lui, elle était perdue.

L'empereur Guangxu prit place dans une seconde calèche, l'impératrice Xiaoding dans une troisième. Les plus proches parents de la famille impériale disposaient eux aussi d'une petite voiture ; les princes de second rang et les grands ministres ne montaient déjà plus qu'à cheval, quant aux nobles qui n'étaient point princes et aux courtisans qui n'étaient pas ministres, ils marchaient à pied, comme la troupe des domestiques. Dans un invraisemblable désordre, nous sortîmes de la Cité par la porte nord et quittâmes Pékin par celle de la Paix Terrestre, pour prendre la direction de l'ouest, vers le palais d'Eté.

Bientôt, une petite pluie se mit à tomber et comme, dans la précipitation, nul n'avait songé à emporter des parapluies, nous fûmes rapidement trempés jusqu'aux os ; il n'était pas question de faire halte pour s'abriter. Aussi, dès son départ, notre convoi prit-il des allures de débandade. Grands dignitaires, princes et serviteurs mêlés, nous avancions en silence, les traits tirés par une nuit sans sommeil et la peur du danger. Nos vêtements mouillés rendaient notre marche malaisée, la boue alourdissait nos pas déjà pesants du poids de l'échec et de la honte que chacun éprouvait. La grande dynastie des Qing fuyait devant les étrangers ; notre départ était une abdication, et dans ce sentiment de leur défaite humiliante, les grands ressemblaient déjà à leurs valets.

Un vieil eunuque me dit :

— Quand je pense qu'il y a peu encore, lorsque le palanquin de la Vénérable Aïeule passait par là, la route était entièrement remblayée de terre jaune bien humectée, pour qu'elle ne fût importunée ni par les inégalités du sol ni par la poussière. Aujourd'hui, on patauge dans la gadoue. Il y avait une haie d'honneur tout le long du chemin, avec un garde tous les dix pas, une foule de domestiques qui portaient des encensoirs pour parfumer la route. Quand je resonge à tout ça et que je nous vois maintenant nous traîner comme une armée en déroute, ça me fait mal au cœur.

Il poussa un long soupir de découragement et continua à marcher en silence, la tête baissée ; moi, je préférais la débandade aux canons étrangers, comme je n'osai lui avouer.

Lorsque nous abordâmes le pont Gaoliang, l'impératrice donna ordre de faire une halte dans le pavillon Yihong, étape obligée du cortège impérial, lorsqu'il se rendait au palais d'Eté en prenant par le fleuve. Sur chacune des berges, un embarcadère était aménagé, mais aujourd'hui le cortège était trop important pour qu'il nous fût permis d'emprunter les bateaux. Aussi, nous repartîmes à pied ; la pluie s'était enfin calmée.

En arrivant au palais d'Eté, nous fûmes accueillis par En Ming qui se prosterna le front contre terre pour prendre les ordres de l'impératrice.

— Dépêche-toi d'ordonner de faire rassembler les trésors du palais, lui dit-elle. Ensuite, fais-les charger dans des voitures et expédie-les à Rehe. Je ne veux pas que ces diables d'étrangers puissent mettre la main sur quoi que ce soit ! Allons, fais vite !

— A vos ordres, grand empereur, répondit En Ming en se relevant, mais au moment où il allait partir, elle lui demanda encore :

— Ma Yukun est-il arrivé avec sa troupe ?

En Ming retomba à genoux.

— Il est arrivé hier soir avec plusieurs centaines d'hommes qui campent actuellement à l'extérieur du palais.

Cixi hocha la tête.

— Alors, va t'occuper de faire évacuer nos trésors. Je n'ai pas besoin de toi ici.

Suivie de l'empereur et de son épouse, elle entra dans le pavillon de la Bienveillante Longévité pour recevoir ses ministres en audience, et lorsque arriva le tour du prince Duan Zaiyi, elle lui dit :

— Je te tiens pour responsable de la situation tragique où je me trouve. Tout est arrivé par ta faute.

Le prince se frappa lourdement le front par terre sans rien oser répondre, mais elle eut une moue de dédain, et elle le chassa de la salle d'audience.

Après cette entrevue, quatre eunuques du pavillon lui présentèrent du thé et des pâtisseries, et elle se restaura en compagnie de l'empereur et de son épouse. Quelques heures plus tard, lorsque fut arrivé un second cortège de nobles et de courtisans qui avaient fui Pékin après nous, nous quittâmes le palais d'Eté par le pont du Dragon Bleu et nous nous engageâmes dans la vallée Rouge.

Un millier de soldats escortaient notre convoi et cette présence armée, ajoutée à la distance que nous avions déjà mise entre nous et les troupes étrangères, contribuait à nous rassurer ; la gravité était toujours la même, mais l'angoisse diffuse des premières heures s'était considérablement apaisée.

Au crépuscule, nous atteignîmes la ville de Guan, à une quarantaine de kilomètres au nord-ouest de Pékin. En fait de ville, c'était plutôt une grosse bourgade dont les habitants, qui répondaient pour la plupart au patronyme de Li, prétendaient descendre de Li le Cinquième, grand maître en arts martiaux, contemporain de l'empereur Kangxi (1662-1723). Ses adeptes avaient si prestigieuse réputation qu'ils avaient fondé à Pékin un bureau de gardes du corps fournissant aux voyageurs ou aux commerçants qui en avaient les moyens une escorte armée assurant leur sécurité. Ils déployaient à l'avant des voitures une banderole au nom de leur entreprise qu'ils avaient baptisée « Lumière de l'Orient », et généralement cette mesure suffisait à terrifier les plus entreprenants des brigands de grands chemins. La technique pratiquée par Li le Cinquième et ses adeptes consistait essentiellement dans le tir de billes, mais leur précision et leur virtuosité étaient telles que d'aucuns prétendaient que c'était des dieux qu'ils tenaient leurs projectiles.

Les habitants de la ville de Guan, héritiers de cette tradition, étaient musulmans. Leur chef, qui se nommait Li, accueillit fort cérémonieusement notre cortège, en habit de mandarin et bonnet à cordons rouges, et après les prosternations d'usage, il nous conduisit dans la mosquée, le lieu le plus noble de la bourgade. Certes, il était bien modeste en comparaison des luxueux palais auxquels la famille impériale était habituée, néanmoins il était propre.

Notre arrivée entraîna le branle-bas dans toute la cité. Un grand banquet riche en plats de mouton fut préparé en un tournemain, et la plupart des femmes furent assignées à la confection de couvertures de satin rouge en prévision de la nuit, car il eût été indécent de faire dormir la Vénérable Aïeule, l'empereur, l'épouse impériale et la favorite Jin sur une couche qui ne fût pas neuve. Une agitation frénétique s'empara de la population, car il fallait trouver des endroits pour installer tout le monde. La grande salle des prières de la mosquée aménagée en chambre à coucher fut attribuée à l'impératrice douairière, et les ailes latérales furent apprêtées pour l'empereur, son impératrice et sa favorite. Les maisons les plus confortables furent mises à la disposition des nobles et des fonctionnaires, et la troupe des domestiques et des soldats campa à la belle étoile, dans les cours de la mosquée ou des résidences privées, selon ce qu'on leur avait ordonné.

Depuis notre départ, maître Diba m'avait affecté au service de l'impératrice Xiaoding, promotion notable dont j'aurais pu me réjouir si elle n'était intervenue en de si fâcheuses circonstances. Pour l'heure, j'eus donc l'insigne honneur de passer la nuit recroquevillé devant sa porte, dans l'un des couloirs de la mosquée, en compagnie des soldats qui y montaient la garde. Je dormis donc fort peu et fort mal, car, outre que j'étais couché à même le sol, chaque fois que je commençais à m'assoupir, j'étais réveillé par la relève des fonctionnaires. D'autres que moi passèrent une piètre nuit : le chef Li s'étant mis en tête de faire fabriquer en quelques heures trois somptueux palanquins pour remplacer les inconfortables calèches dans la suite de notre voyage, la moitié de la ville avait été mise à pied d'œuvre, et trois voitures drapées d'étoffes jaunes aux couleurs impériales furent prêtes le lendemain matin. Cixi fut si touchée par ce témoignage de ferveur qu'elle éleva le chef Li au quatrième grade de la fonction publique et anoblit les douze porteurs désignés pour nous accompagner.

A l'intérieur des trois palanquins, Li avait fait placer dix lingots d'argent, d'une valeur de cinquante taëls chacun ; c'était pour donner plus de stabilité aux voitures et donc moins de prise aux cahotements, avait-il dit à la Vénérable Aïeule, en la priant d'accepter ce modeste témoignage de sa fidélité, ce qu'elle avait fait bien volontiers.

L'impératrice douairière Cixi, tante de l'empereur Guangxu

Cixi déguisée en Guanyin (bodhisattva Avalokiteśvara)
avec à droite, son favori Li Lianying déguisé en Sudhana
(disciple du Bouddha)

Cixi (au centre) entourée de l'épouse et des favorites de l'empereur Guangxu. Au premier plan, à droite, Li Lianying, le chef des eunuques de son palais ; à gauche, Cui Yugui qui a noyé la favorite Zhen dans un puits le jour du départ de la cour pour Xian

(Idem) dans la cour du palais Renshou, dans le palais d'Eté

L'impératrice Xiaoding, épouse de l'empereur Guangxu, au service de laquelle travaillait Yu Chunhe

Yehe Nana et Yi Huan (mère et père de l'empereur Guangxu, respectivement sœur de Cixi et frère de l'empereur Xianfeng)

L'impératrice Xiaoding (devenue impératrice Longyu après le décès de l'empereur Guangxu) entourée de ses plus proches eunuques, dont faisait partie Yu Chunhe

La favorite Jin, première concubine de l'empereur Guangxu

La favorite Zhen (sœur cadette de Jin), unique amour de l'empereur Guangxu, que Cixi fit noyer dans un puits pour se débarrasser d'elle

La favorite Jin (assise au centre) et ses plus proches eunuques

La favorite Jin et
ses eunuques

Pu Yi (le dernier empereur) sur le trône du palais Qianqing, en 1917, à l'âge de onze ans

Pu Yi (à droite), son père le régent Zai Feng, et son frère cadet

Pu Yi en 1917

Wanrong,
la première épouse
de Pu Yi

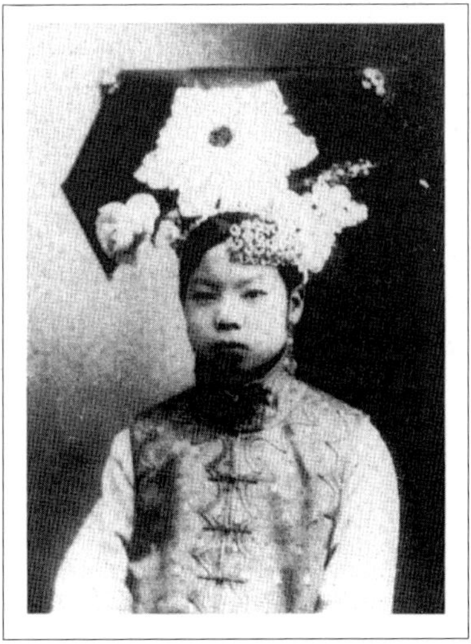

Wenxiu,
la deuxième
épouse de Pu Yi

Eunuques de la fin de
la dynastie des Qing

Eunuques
de la fin de
la dynastie
des Qing

Eunuques de la fin de la dynastie des Qing

Eunuque poussant une
dame d'honneur sur
une balançoire dans la
Cité Interdite

Eunuque de la fin de la
dynastie des Qing

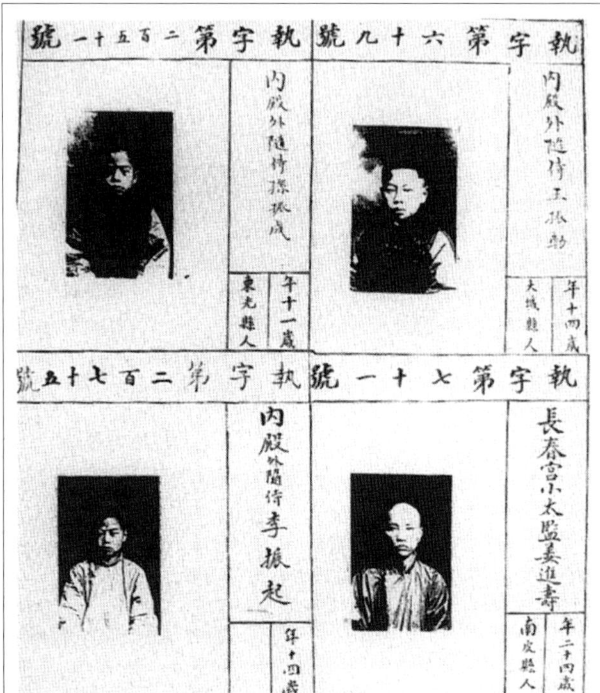

Cartes d'identité d'eunuques

Ainsi, nous quittâmes Guan à l'aube du 15 août, et après des heures et des heures de marche, nous atteignîmes Nankou vers le milieu de la journée. Des troupes de soldats déserteurs et de pillards nous avaient précédés et devant leurs razzias, la population locale terrorisée avait préféré fuir pour se mettre à l'abri dans les montagnes environnantes, aussi ne rencontrâmes-nous que fort peu de gens. La région abandonnée offrait un affligeant spectacle de désolation qui semblait faire écho à celle qui montait de nos rangs : le chef Li avait offert quelques boîtes de pâtisseries à l'impératrice mais il avait oublié les boissons et elle se plaignait de la soif. C'était là moindre mal. Pour le reste de la compagnie, nobles, ministres et domestiques confondus, qui marchaient depuis l'aube sans même un gâteau à grignoter, l'heure était encore plus à la morosité : nos jambes ne nous portaient plus, nos estomacs criaient famine, nous avions la bouche desséchée, et si mes semblables pouvaient le supporter, ceux qui n'avaient jamais éprouvé que le luxe, la douceur et l'abondance des palais commencèrent à se plaindre. Nous fîmes une halte, et l'impératrice chargea Li Lianying de faire réquisitionner tous les vivres des environs : après des heures de recherche, nous avions réuni en tout et pour tout quelques poignées de millet décortiqué. Néanmoins, nous improvisâmes une cuisine en plein air, en dressant quelques bûches sur le bord de la route, et dans des récipients de fortune, les rôtisseurs impériaux employèrent tout leur savoir-faire à mitonner une bouillie aussi claire qu'insipide à l'intention de l'impératrice douairière, de l'empereur, de son épouse et de sa favorite ; comme la famille impériale était la seule à avoir entraîné sa domesticité dans la fuite, les princes, les princesses et les hauts dignitaires, livrés à eux-mêmes, se retrouvèrent la bouche ouverte. Ainsi, après avoir servi nos maîtres, nous courûmes déterrer les semailles des champs environnants, manne de laquelle nous tirâmes une bouillie grisâtre qui calma l'estomac de ceux qui purent l'avaler. A la vérité, en dehors des simples eunuques, des servantes et des soldats, il n'y eut guère d'amateurs dans les rangs de la noblesse et du mandarinat, et malgré la précarité de notre situation, je ne pus m'empêcher de rire intérieurement devant leurs efforts désespérés : d'abord, ils regardaient longtemps le curieux magma, avec effroi, comme s'il s'était agi de quelque substance vénéneuse, puis, en faisant la grimace, ils en approchaient leurs lèvres ; mais ils avaient beau retenir leur souffle pour n'en point sentir le goût, à peine la bouillie leur avait-elle effleuré la bouche qu'ils la recrachaient d'un air dégoûté. En dépit de leur bonne volonté, l'épreuve était au-dessus de leurs forces. Certains se mirent à sangloter, et, devant ce spectacle affligeant, l'empereur Guangxu qui était déjà d'humeur chagrine ne put contenir ses larmes.

Li Lianying eut un mouvement de colère.

— Tout cela, c'est la faute des Boxers !

L'impératrice Cixi se hâta de mettre un terme à ce relâchement.

— Il est inutile de se laisser gagner par le désespoir. Remettons-nous plutôt en route !

Son ordre fut accueilli par un concert de lamentations.

— Nous n'avons plus la force de continuer, disaient les courtisans.

Et ils se couchaient par terre en refusant de bouger.

L'impératrice évalua d'un coup la situation, et contrairement à son habitude, elle ne tenta point d'utiliser la menace ou la force. Sans doute avait-elle conscience que le nouvel état de choses réclamait de nouvelles méthodes, aussi passa-t-elle parmi ses ministères, et avec autant de chaleur que de simplicité feintes, elle sut réconforter les uns, encourager les autres, et trouver les mots justes pour redonner courage à tous ; en quelques minutes, elle renversa si habilement les données que, pour faire contre mauvaise fortune bon cœur, chacun finit par accepter de se remettre en route.

Le plus dur nous attendait.

Après la forteresse de Juyong, nous abordâmes un étroit défilé d'une vingtaine de kilomètres, si encaissé, abrupt et caillouteux que les cavaliers durent mettre pied à terre. Les malheureux porteurs des trois palanquins impériaux suaient sang et eau, butant et trébuchant à chaque pas ; malgré leurs efforts pour atténuer les chocs, les voitures étaient follement ballottées, et la sueur qui mouillait le front des hommes venait autant de la peur d'être châtiés que de la difficulté. Un vent violent s'était levé, soufflant de rudes bourrasques qui nous déséquilibraient. Les éléments semblaient s'être ligués contre nous ; plus nous progressions, plus le col devenait infranchissable. Avec le sentiment d'être pris au piège, certains s'effondraient en larmes dans les cailloux et la poussière, à bout de forces et à bout de nerfs, refusant de s'enfoncer plus loin dans cet enfer. Les plus vigoureux soutenaient les plus faibles ; il n'y avait plus de maîtres ni de serviteurs, seulement des hommes et des femmes semblablement fourbus, essoufflés, transpirants.

A l'heure du crépuscule, nous rencontrâmes enfin un petit hameau à flanc de montagne, et dans notre terreur de devoir passer la nuit en compagnie des bêtes sauvages, nous fûmes bien soulagés de trouver un refuge. A la vérité, le refuge était précaire, car il y avait si peu de chaumières que seuls la Vénérable Aïeule, l'empereur, son épouse et la favorite Jin purent dormir sous un toit ; l'escorte dut passer la nuit à la belle étoile.

Blottis les uns contre les autres, grelottant et tremblant sur le sol qui se refroidissait au fur et à mesure que la nuit tombait, nous tentions de nous réchauffer mutuellement en nous mettant flanc contre flanc. Vaine tentative ; j'avais les membres gelés, la terre humide transperçait mes vêtements. A côté de moi, un homme se plaignit d'avoir les vertèbres paralysées par le froid. Un autre ronchonna contre l'odeur de pourriture qui montait de la terre. Nous étions à proximité d'un bois et, effectivement, des relents de décomposition émanaient du tapis transpirant de feuilles et de substances en putréfaction qui nous servait de couche. De longs hurlements nous environnaient ; les loups montaient la garde. La peur, autant que le froid, nous faisait frissonner ; pour tenter de la conjurer, nous nous mîmes à parler. La présence de l'autre, sa chaleur, tenaient notre peur à distance, mais la nuit fut longue. Je gardai les yeux rivés à l'est, et lorsque apparurent les premières lueurs de l'aube, j'eus le sentiment de voir le jour se lever pour la première fois de mon existence.

Un noble s'écria :

— Par le bouddha Amitabha, nous sommes encore en vie !

Tout le monde éclata de rire, et d'avoir moins peur, nous eûmes déjà moins froid. Les villageois nous préparèrent un grand chaudron de bouillie de millet que chacun s'accorda à trouver revigorante ; je ne me souviens pas que ce matin-là un seul rechignât. La faim a la vertu de rendre délectable ce qui dans l'opulence vous semble une abjection.

Nous reprîmes la route un peu fourbus après cette nuit difficile mais, le chemin étant moins ardu, nous pensions devoir moins peiner que la veille. C'était sans compter avec l'orage qui nous surprit après le hameau de Kang. Le tonnerre gronda brusquement ; le ciel s'assombrit d'un coup, et de violentes bourrasques de vent soulevèrent des colonnes de poussière. Les éclairs labourèrent le ciel et, l'instant d'après, des trombes d'eau et de grêle se déversèrent sur nous. En quelques secondes, nous fûmes transpercés ; la terre transformée en boue collait à nos chaussures, nous étions aveuglés par la pluie ; le vent qui soufflait face à nous nous culbutait en arrière. Une poignée d'arbres faméliques agitaient quelques maigres branches en bordure du chemin, et c'était là le seul abri à la ronde.

— Nous autres, ce n'est pas la première fois qu'on patauge dans la boue et qu'on se fait tremper, dit un soldat à côté de moi. Mais ceux-là, qui sont nés dans des berceaux en or et qui ont passé leur vie à se vautrer dans la soie, ils doivent trouver ça dur. Et tu vas voir que s'ils tombent malades, c'est encore nous qui allons devoir les porter.

La suite de notre exode confirma ses tristes prophéties. Pour l'heure, la violence de la tempête nous fit renoncer à avancer et nous attendîmes en grelottant au bord du chemin que se calmassent les éléments déchaînés. Dans leurs habits trempés que le vent glaçait, nobles et fonctionnaires claquaient des dents, les yeux exorbités, livides et crispés. Certains se prenaient à maudire le Ciel, d'autres tordaient nerveusement leur natte ruisselante. Nous avions l'air d'une troupe de vaincus, que tout sentiment de gloire avait désertés.

Lorsque la pluie se fut calmée, nous repartîmes mouillés et crottés en pataugeant dans la boue, le pas traînant, la tête basse. Quiconque aurait croisé notre horde aurait eu peine à imaginer que les galvaudeux qui la constituaient étaient les maîtres du monde trois jours auparavant. Après quelques kilomètres, un noble au visage rubicond et à la barbe blanche rompit soudain notre pesant silence.

— Nous arrivons à Huailai. Nous sommes sauvés ! s'écria-t-il en rugissant comme un lion.

Son cri nous tira de notre accablement et nous levâmes les yeux vers l'horizon : la silhouette d'une petite ville nous apparut derrière un fin brouillard qu'irisait le soleil couchant ; le paysage était superbe et n'avait qu'un inconvénient : le brouillard flottait sur une rivière qui s'étirait de tout son long entre nous et la ville ; or, point de barque ni de pont. Un brouhaha de découragement se fit entendre dans nos rangs.

— Rien n'est dramatique, prétendirent les porteurs des trois palanquins. On peut traverser à pied. Ça n'a pas l'air très profond.

Emue par cet esprit entreprenant, la Vénérable Aïeule ordonna aussitôt de gratifier chacun des douze hommes de dix taëls d'argent. Ils se prosternèrent à tour de rôle devant son palanquin puis ils retroussèrent leurs pantalons, coincèrent leur natte dans leur ceinture et empoignèrent les trois voitures à bout de bras. Deux colonnes de soldats se positionnèrent de chaque côté, au cas où ils auraient perdu pied dans un trou d'eau et fait basculer les palanquins avec leur précieux chargement. Chacun retint son souffle le temps que dura leur traversée, en redoutant le pire : que la vieille impératrice ne prît un bain forcé. Ils entrèrent lentement dans le lit de la rivière et s'enfoncèrent en réglant minutieusement leurs pas les uns sur les autres. L'eau leur monta aux cuisses, leur ceignit la taille, leur engloutit le torse... Sur la berge d'où les suivaient des centaines de paires d'yeux, chacun semblait marmotter quelque prière en silence. Enfin, ils atteignirent l'autre rive, et nous reprîmes notre respiration pour pousser un soupir de soulagement. Les nobles et les hauts fonctionnaires passèrent à cheval sous l'escorte des soldats, et nous autres, eunuques et dames d'honneur, nous traversâmes à pied, à l'exemple des porteurs ; nos vêtements étaient encore mouillés de l'orage de tout à l'heure, ils furent seulement un peu plus trempés. Lorsque nous eûmes tous gagné la berge, la vieille impératrice sortit la tête de son palanquin et dit à ses porteurs :

— Vous vous êtes donné bien du mal !

Celui qui était leur chef s'agenouilla humblement.

— Notre peine n'est rien au regard du bonheur que nous éprouvons d'avoir mené à bien notre entreprise.

C'était joliment répondu. Li Lianying s'avança vers lui et le salua respectueusement en joignant les deux mains devant sa poitrine.

— Vous avez fait du bon travail. Entrons vite dans la ville, que vous puissiez changer de vêtements et vous reposer un peu. Vous l'avez bien mérité : la journée a été rude, mais nous nous en sommes bien tirés.

Notre convoi s'ébranla, précédé par quelques estafettes qui se pressèrent d'aller avertir de notre arrivée Wu Yong, le préfet de Huailai. Dans sa précipitation, il n'eut même pas le temps de revêtir son habit officiel, et il accueillit le cortège impérial en tenue ordinaire. Il avait néanmoins alerté la population, et tous les habitants, du plus petit au plus grand, nous ovationnèrent chaleureusement, dans le plus grand désordre. Le préfet Wu Yong me fit l'effet d'un intellectuel. C'était un petit homme d'une cinquantaine d'années au visage replet, empreint de douceur et de délicatesse. Il avait l'épaule gauche nettement plus haute que la droite, et ce déséquilibre corporel me confirma dans l'idée qu'il devait être un cérébral. Il reçut l'impératrice douairière et l'empereur dans son bureau ; tous les membres de sa famille vinrent se prosterner devant eux, mais Cixi leur dit, tout sucre et tout miel :

— Oublions le protocole ! Ne faites point tant de façons !

Sur ce, elle prit le bras de l'épouse du préfet pour entrer dans sa maison. Wu Yong alla donner des ordres aux cuisines pour que fussent servis sur-le-champ du thé et des pâtisseries, et, mieux que par ses paroles, la Vénérable Aïeule prouva par ses agissements que l'heure n'était plus aux façons. Avec le palais impérial, elle avait, semblait-il, délaissé non seulement les règles de l'étiquette, mais aussi les plus élémentaires principes d'une bonne éducation. Elle qui, jadis, n'approchait ses lèvres que dédaigneusement des mets les plus rares, comme si jamais rien n'était assez précieux pour elle, elle se jeta sur les pâtisseries tel le loup affamé sur la brebis, sans même attendre que le plateau fût posé sur le guéridon, et elle en engloutit en quelques secondes une quantité invraisemblable, avec inélégance et force bruits de mastication. Une fois rassasiée, elle exprima le désir de faire un brin de toilette ; la maîtresse de maison se fit un plaisir de mettre à sa disposition ses affaires personnelles, et Li Lianying eut l'honneur de lui peigner les cheveux et de lui refaire son chignon. Le temps qu'elle se rafraîchît, les cuisiniers concoctèrent un somptueux repas, qui fit figure d'agapes à la lueur des trois précédents jours de privations.

Wu Yong, qui avait remarqué combien la famille impériale manquait de vêtements chauds pour affronter les baisses de température, lui offrit tout ce que sa maison possédait de plus neuf et de plus beau. La Vénérable Aïeule jeta son dévolu sur une veste matelassée du plus pur style chinois, au grand effarement de tous. C'était la première fois que je lui voyais porter un habit qui ne fût point mandchou. D'ordinaire, la règle était fort stricte en la matière, mais là encore, elle sut s'adapter à la situation ; Wu Yong étant chinois, il s'habillait comme tel. L'essentiel était d'avoir chaud, comme Cixi le lui dit en souriant, et pour le remercier de sa gentille attention, elle le nomma sur-le-champ chef d'une division de la province, ce qui le mettait à la tête de plusieurs préfectures.

Ce soir-là, un petit incident faillit contrarier la bonne humeur. Gui Xiang, frère de Cixi et grand opiomane en manque depuis plusieurs jours, eut une violente crise à l'issue de laquelle il sombra dans un état comateux. Son état était si alarmant que Li Lianying alla avertir la Vénérable Aïeule.

— Depuis le temps que je lui dis de ne plus fumer cette cochonnerie ! hurla-t-elle. Il n'a pas voulu m'écouter et il a continué à mon insu. Où veut-il qu'on trouve de l'opium dans ce désert ? Qu'il crève ! C'est lui qui l'aura cherché !

Wu Yong dépêcha ses gens chez tous les notables de la ville ; ils finirent par en trouver chez un riche marchand, et lorsque Gui Xiang eut tiré quelques bouffées salutaires, il se remit d'aplomb.

La vieille impératrice passa la nuit dans la chambre de son hôtesse, l'épouse impériale et la favorite Jin dans celles des concubines de Wu Yong ; l'empereur fut installé dans le bureau, les nobles et hauts fonctionnaires furent logés en ville ; et moi, allongé devant la porte de ma maîtresse, j'eus le sol pour couchette, mais après la journée que nous avions passée, je m'endormis sans difficulté. Le lendemain matin, au cours d'une conversation, Cixi apprit que Wu Yong était originaire du Zhejiang et que son épouse était la petite-fille de Zeng Guofan, un grand propriétaire foncier qui avait contribué à écraser la révolte des Taiping, et qu'elle avait pris jadis dans son gouvernement.

— Vous êtes la petite-fille de Zeng Guofan ! s'écria-t-elle. Quelle heureuse nouvelle ! Voilà qui explique la noblesse et la délicatesse qui sont les vôtres et qu'il est si rare de rencontrer en province.

La jeune femme baissa la tête en rougissant d'aise autant que de confusion, et dans sa joie d'être en si bonne compagnie, Cixi chargea Wu Yong de nous précéder dans les prochaines étapes de notre voyage, afin de permettre aux responsables locaux de mieux organiser notre réception. Les campements de fortune de ces quelques derniers jours lui avaient suffi et elle aspirait à un accueil plus digne de son impériale personne.

Après son départ, Li Lianying annonça que Wang Wenshao venait d'arriver de Pékin et demandait à être reçu en audience. Impatiente d'entendre les nouvelles qu'il apportait, Cixi le reçut sur l'heure.

— Avez-vous fait bonne route ? lui dit-elle.

— Par la grâce de Votre Majesté, je suis sain et sauf, répondit-il.

— Nous avons nous-mêmes beaucoup souffert, mais par la grâce de mes ancêtres, nous n'avons eu à déplorer aucun malheur. Quelle est la situation dans la capitale ?

— J'ai vu de mes propres yeux les troupes étrangères entrer dans la ville, mais je ne pense pas qu'elles resteront longtemps. Si Votre Grandeur pouvait désigner un prince de la famille impériale pour négocier sur place avec les étrangers, je pense qu'un armistice pourrait être rapidement conclu.

— C'est aussi mon avis, déclara Cixi après un court moment de réflexion. Le prince Qing me paraît le plus adapté à la situation. Je vais l'envoyer avec Li Hongzhang.

— Nous nous en remettrons à la décision de Votre Grandeur.

— Fais appeler le prince Qing, ordonna-t-elle à Li Lianying.

Quelques minutes plus tard, le prince Qing Yikuang se présenta devant elle, et elle lui fit connaître sa décision de le renvoyer à Pékin pour négocier la paix. Le prince, pâle comme un linge, eut un mouvement de panique.

— Votre humble sujet craint d'être indigne d'une si lourde tâche, dit-il, sur la défensive.

— D'après les observations de Wang Wenshao, il semblerait que les étrangers soient disposés à négocier, dit-elle avec calme. Vous n'avez aucune raison de vous inquiéter ; cette négociation n'est pas plus difficile que celle que le prince Gong Yixin a menée à bien au temps de l'empereur Xianfeng, lorsque les troupes britanniques et françaises ont attaqué Pékin. Ce que Gong Yixin a obtenu, vous l'obtiendrez de même. Il nous faut la paix, et puisque aujourd'hui Gong n'est plus, j'ai décidé que cette tâche vous incomberait.

Le prince Qing, accablé par la lourdeur de la mission, ne répondit mot. Cixi fut visiblement froissée par son hésitation mais, contre toute attente, elle ne réagit point violemment. Sûrement mesura-t-elle la précarité de sa situation et la chute vertigineuse de son autorité, en cet instant où un prince se permettait de renâcler à ses ordres. Elle, devant qui des générations avaient tremblé, semblait d'un coup confrontée à sa déchéance de souveraine en exil ; elle se mit à pleurer, sans rien pouvoir ajouter, sous les yeux effarés de ses sujets. Le prince Qing, gêné, murmura enfin : « Je ferai selon vos ordres », avant de se retirer précipitamment.

Le départ fut alors donné.

Nous quittâmes la ville par l'ouest, en direction de Xuanhua, mais après quelques kilomètres de marche, un grand groupe armé, de deux mille hommes environ, caparaçonnés dans des uniformes tout noirs qui leur donnaient une allure terrible, surgit en face de nous. Un mouvement de panique secoua nos rangs et nous fîmes halte sur-le-champ. Cependant que les soldats à la tête de notre convoi armaient leurs fusils, prêts à l'affrontement, quelques cavaliers furent envoyés en reconnaissance. Après de longues minutes de pourparlers, ils revinrent nous prévenir que ce n'était que Chen Chunxuan, l'administrateur de la province du Gansu, qui venait mettre ses gens d'armes à la disposition des souverains pour la suite du voyage. La nouvelle fut accueillie avec soulagement. Chen Chunxuan était un homme trapu, au visage basané, avec des pommettes saillantes, des yeux perçants et une fine moustache qu'il portait avec beaucoup d'élégance. Lui et ses cavaliers avaient dû partir à bride abattue, sitôt connue la nouvelle de notre exil.

— Votre humble serviteur mérite d'être châtié d'avoir tant tardé à venir se mettre au service de Votre Grandeur, dit-il cependant avec un fort accent cantonais, tout en se prosternant devant le palanquin de la vieille impératrice.

— Je trouve au contraire que tu as été très rapide pour venir si vite du Gansu jusqu'ici. Si les chefs de toutes les provinces s'étaient montrés aussi fidèles que toi, jamais nous n'aurions été obligés de quitter notre palais et d'endurer tant de souffrances. Tu arrives au moment juste. Je te confie la protection armée de notre escorte ainsi que la gestion du ravitaillement. Wu Yong te secondera dans cette dernière tâche. Fais respecter la discipline dans les rangs et ne tolère aucun manquement.

Elle fut entendue. Chen Chunxuan était un adepte des méthodes expéditives : tout contrevenant à la règle, quelle que fût la gravité de sa faute, était décapité sans autre forme de procès. Les premières têtes qui tombèrent furent celles de soldats et nul n'osa rien dire ; mais lorsqu'il eut tranché le col de quelques chefs eunuques dont le seul crime avait été de monter sur un âne ou un cheval, privilège exclusivement réservé aux nobles, Li Lianying s'en mêla. Il alla alerter la Vénérable Aïeule, mais il eut beau faire valoir que tant d'arrogance et de brutalité envers ses serviteurs était une offense à son impériale personne, elle refusa d'intervenir dans la querelle. A l'exemple de leur impératrice, nobles et fonctionnaires n'osèrent non plus prendre ouvertement fait et cause contre Chen Chunxuan ; il régna en maître sur le convoi de plusieurs milliers de personnes soumises à sa terreur, et autant le désordre avait prévalu dans les premières joumées de notre exil, autant la discipline fut exemplaire après son arrivée.

Après avoir traversé Shacheng et Baoan, nous abordâmes Xuanhua par sa porte méridionale, où nous attendait une délégation de quatre-vingts mandarins que précédaient le préfet et le gouverneur militaire. Dans le somptueux palanquin qu'ils avaient mis à leur disposition, l'empereur et la Vénérable Aïeule firent une entrée triomphale dans la ville où tous les habitants étaient sortis pour les regarder passer. Un fastueux banquet fut offert à la famille impériale et aux grands courtisans, et il fut décidé que nous ferions trois jours de halte. Xuanhua marqua une étape dans notre exil. Désormais, Wu Yong nous précédait pour prévenir nos hôtes de notre arrivée, aussi étions-nous reçus avec des débordements de sollicitude et de zèle. L'empereur et l'impératrice ne voyageaient plus que dans de confortables palanquins à huit porteurs, tous les hauts dignitaires et les chefs de palais avaient un cheval et seuls les plus humbles marchaient encore à pied. Peu à peu, nous retrouvions notre dignité. L'impératrice avait abandonné sa robe de toile, ses ongles repoussaient, et avec la splendeur, elle renoua avec la méchanceté.

A la fin du mois d'août, nous atteignîmes Datong, dans le Shenxi. Le gouverneur militaire et une centaine de mandarins nous accueillirent à vingt-cinq kilomètres en dehors de la ville, et, aux portes de la cité, toute la population nous attendait, agenouillée de chaque côté de la route pour nous ovationner. Datong, plus encore que Xuanhua, déploya une abondance de faste à la mesure de ses hôtes. De nouvelles troupes rejoignirent nos rangs, envoyées par le chef militaire du Jiangsu. Après quatre jours à Datong, nous repartîmes pour Taiyuan, capitale du Shenxi, où nous arrivâmes le 11 septembre. Plusieurs centaines de mandarins civils et militaires à la tête desquels se tenait Yu Xian, le gouverneur de la région, nous firent une haie d'honneur sur dix kilomètres à l'extérieur des portes de la ville.

Cixi reçut Yu Xian devant son palanquin.

— Lorsque tu as quitté Pékin, tu m'as juré que les Boxers étaient fiables et qu'avec leur soutien, nous étions assurés de vaincre les envahisseurs. Ton erreur de jugement est fort regrettable. Aujourd'hui, Pékin est aux mains des étrangers cependant que l'empereur et moi-même sommes dans cette situation humiliante. Un jour viendra où nous signerons la paix et où je devrai désigner les criminels de guerre. J'espère que tu comprendras que je serai obligée de te sacrifier.

Yu Xian tomba à genoux et se frappa le front à terre.

— Votre humble serviteur ne pouvait savoir que les Boxers oseraient enfreindre la loi et se comporter en criminels. J'ignorais qu'ils provoqueraient tant d'horreurs.

Sans même lui répondre, elle fit signe à ses porteurs de reprendre la marche et elle l'abandonna, agenouillé dans la poussière. Il s'était pourtant mis en quatre pour la recevoir dignement, ressortant même, pour l'occasion, le palanquin, les bannières et les pavillons qui avaient servi à l'empereur Qianlong (1736-1796) lors de l'un de ses séjours dans la ville, et qui étaient depuis jalousement conservés dans la Trésorerie préfectorale ; il avait mis à contribution tous les mandarins et notables locaux pour qu'ils offrissent à la famille impériale quantité d'or, d'argent, d'étoffes rares et d'objets précieux ; il avait organisé le plus impressionnant comité d'accueil de tout notre voyage, et n'avait récolté qu'injures et humiliation publique. Grâce à tous ses efforts, nous vécûmes si confortablement à Taiyuan que nous aurions presque oublié notre exil si, quelques jours après, nous n'avions reçu du prince Qing un télégramme qui disait que, malgré la présence étrangère, la situation dans la capitale était plus paisible depuis le départ des Boxers, et que la Cité impériale, sous protection de l'armée japonaise, n'avait subi aucun dommage. Suivait une longue liste de morts, généraux, académiciens, ministres, membres de la famille impériale, que la Vénérable Aïeule parcourut avec une expression de profonde affliction. Enfin, le message précisait les deux conditions posées par les étrangers à la signature d'un traité de paix : la première exigeait la condamnation de ceux qui avaient poussé à l'affrontement, qu'ils considéraient comme des criminels de guerre ; la deuxième réclamait le retour immédiat de la Vénérable Aïeule et de l'empereur à Pékin. A défaut de l'une ou de l'autre, les étrangers refusaient de conclure un accord de paix.

A l'issue d'un conseil exceptionnel, il fut décidé que la cour ne céderait pas à la dernière instance, et qu'elle s'installerait provisoirement à Xian en attendant la suite des négociations. Afin d'en accélérer le cours, tous les ministres favorables à la guerre furent démis de leurs fonctions, privés de leurs titres de noblesse et confiés au ministère de la Justice. Par ailleurs, engagement fut pris de dédommager les légations allemande et japonaise qui avaient subi le plus de préjudices de la part des Boxers. Un message fut envoyé au prince Qing et à Li Hongzhang, mais pour toute réponse, nous reçûmes dix jours plus tard des nouvelles fort alarmantes, selon lesquelles les troupes allemandes et françaises avaient attaqué à l'est de la province du Shenxi. Les troupes locales, qui s'étaient préparées à un éventuel affrontement, avaient farouchement défendu leurs positions ; les étrangers avaient été contraints de battre en retraite après plusieurs jours d'âpres combats, mais plus d'un millier de victimes étaient à déplorer. L'impératrice n'étant plus en sécurité à Taiyuan, le jour même, notre départ pour Xian fut décidé.

Le 12 octobre, nous étions à nouveau sur les routes, plus nombreux que jamais, car les troupes du Shenxi, du Gansu et du Sichuan nous avaient rejoints à Taiyuan. A Lingshi, nous dûmes encore escalader plus de quarante kilomètres de couloirs montagneux, trébuchant sur la caillasse sous un soleil de plomb. Après ces quelques semaines de repos pendant lesquelles les grands courtisans avaient renoué avec le confort, ce fut une épreuve particulièrement douloureuse ; à nouveau, ils connurent la soif, la fatigue, la crasse, les larmes et l'angoisse. A Fengling, nous pûmes prendre quelques bateaux pour traverser le fleuve Jaune, et après quinze jours de marche, nous abordâmes enfin Xian le 26 octobre. Des deux palais du Sud et du Nord, celui du Nord étant incontestablement le plus vaste et le plus somptueux, la Vénérable Aïeule, l'empereur, l'impératrice, la concubine Jin et leur considérable suite s'y installèrent. Au fur et à mesure des arrivées, nous étions à Xian presque aussi nombreux qu'en la Cité Interdite.

L'impératrice Cixi, qui se sentait enfin en sécurité, adressa au prince Qing un message lui ordonnant de négocier la paix à n'importe quel prix, se déclarant disposée à régler l'indemnité de guerre que proposeraient ses adversaires, quel qu'en fût le montant. Dans cette perspective, et sans scrupules envers la population que la guerre et les catastrophes naturelles avaient réduite à la plus infâme misère, elle doubla le prix des taxes gouvernementales dans toutes les provinces du Sud, en exigeant de ne plus être payée en céréales comme par le passé, mais moitié en céréales, moitié en argent. Une année durant, des centaines de convois d'arbres affluèrent vers Xian, par voie routière ou fluviale, car l'argent était transporté dans des troncs évidés, d'un mètre de long, remplis de dix lingots d'argent d'une valeur de cinquante taëls chacun. Tous les jours, sans interruption, des charrettes de dix ou vingt troncs arrivaient au palais, et en un an que dura son séjour, l'impératrice Cixi acheva de saigner à blanc le pays déjà dévasté par trois années successives de sécheresse. Le peuple crevait de faim ; les cadavres jonchaient les rues de Xian ; il n'y avait donc pas à aller bien loin pour mesurer l'ampleur du désastre. La tragédie était là, à portée d'œil, mais elle ne voulait rien voir, et nul parmi ses courtisans ne se permit jamais d'évoquer une seule fois devant elle la souffrance de ses sujets. Ils étaient trop soucieux de lui plaire, et trop lâches. Des milliers d'affamés ne valaient pas qu'ils prissent le risque de perdre les bonnes grâces de la souveraine. Une corruption encore plus grande qu'à Pékin sévissait dans leurs rangs, et Li Lianying, plus que jamais en odeur de sainteté auprès de l'aïeule, était l'incontournable négociateur pour qui voulait s'offrir une charge, un titre de noblesse ou toute autre faveur. Au cours de notre exil, il décupla sa fortune personnelle, car outre ses spéculations habituelles, il exigeait systématiquement un confortable pourcentage sur toutes les taxes et tous les impôts payés au gouvernement ; les chefs des provinces, qui le craignaient plus que la peste, se firent tous un devoir d'enchérir sur ses exigences, et il devint si riche qu'au moment de notre retour à Pékin, lorsqu'il fallut convoyer vers la capitale les malles contenant le trésor impérial amassé à Xian, il sangla les siennes d'une courroie rouge pour les différencier de celles de Cixi dont les attaches étaient jaunes : chacun put voir de ses propres yeux que pour une malle sanglée de jaune, il y en avait deux de rouge : en un an de temps, il s'était enrichi deux fois plus que l'impératrice.

L'aïeule était-elle aveugle ou n'avait-elle cure de ces tractations ? Eloignée géographiquement de la menace étrangère, elle s'était rapidement désintéressée des négociations de paix pour ne plus songer qu'à son plaisir et à son bien-être personnels. Ainsi avait-elle exigé de rétablir le fonctionnement des cuisines impériales tel qu'en la Cité Interdite, avec les départements spécifiques des plats végétariens, des viandes, des légumes, des riz, des soupes, des thés, des fromages, des desserts... chaque service employant plusieurs dizaines de cuisiniers, chacun étant supervisé par un chef eunuque. A Xian comme à Pékin, la satisfaction de ses caprices mobilisait pléthore d'énergie et d'imagination : lorsque nous arrivâmes, le temps était chaud et humide ; elle exigea donc de la glace dans ses décoctions de prunelle. Or, de glace, nul n'en avait jamais vu à Xian ; le climat ne s'y prêtait guère. Ce n'était certes pas une réponse à lui faire, et dans les minutes qui suivirent sa demande, des dizaines de personnes furent dépêchées à travers la région, les grottes fouillées, la population questionnée, et on finit enfin par apprendre qu'à plus de cinquante kilomètres au sud-est de la ville, au sommet du mont Taibai, il y avait une crevasse très profonde dont d'aucuns disaient que le fond était tapissé d'une couche de glace. On vérifia et, effectivement, on trouva de la glace. Prenant l'affaire en main, Chen Chunxuan ordonna aux fonctionnaires locaux de réquisitionner dans la ville une ribambelle de pauvres hères pour l'extraire et la convoyer chaque jour jusqu'au palais impérial, où la chaleur ne permettait pas de la conserver. Ce fut ainsi que la Vénérable Aïeule but frais.

Un autre désagrément, dans les premiers temps de notre installation, avait été causé par les troupes d'opéra de la ville, qui n'avaient guère de talent. L'opéra étant l'une des distractions favorites de Cixi, Li Lianying avait mis toute la province sur le pied de guerre, pour dénicher des interprètes dignes des impériales oreilles ; comme pour la glace, il avait fini par trouver. Une fois réglés ces petits problèmes, Cixi avait retrouvé sa superbe. Choyée, flattée, distraite comme aux meilleurs jours de sa gloire, elle ne semblait guère affectée par l'exil, contrairement à l'empereur Guangxu qui, depuis notre fuite, s'était enfermé dans le mutisme et la mélancolie. Après la mort de la favorite Zhen, nous ne le revîmes jamais plus sourire ni manifester de plaisir. Il dépérissait de jour en jour ; sa maigreur et sa pâleur faisaient peine à voir. Otage de sa tante qui le faisait surveiller plus étroitement qu'un prisonnier, il passait ses journées claustré dans ses appartements, silencieux et morose. Depuis sa tentative de réforme avortée, elle l'avait placé sous haute surveillance et, tout empereur qu'il était, il vivait en captivité. Son entourage, ses domestiques, tout le monde était au service de sa tante. Ses moindres faits et gestes, ses moindres paroles étaient épiés, aussi avait-il résolu de rester cloîtré et de se taire.

Comme depuis le départ de notre fuite, je restai à Xian au service de l'impératrice Xiaoding ; simple domestique, je n'avais guère de responsabilités. Parfois, je lui servais le thé ou j'allumais sa pipe, et le reste du temps, je restais debout à proximité d'elle, à attendre ses ordres. Je n'étais point maltraité ; savait-elle seulement que j'existais ?

Vers juillet 1901, le bruit courut qu'à Pékin la signature du traité de paix était imminente, et que la Vénérable Aïeule avait demandé à son astrologue de choisir un jour propice pour notre retour vers la capitale. Le bruit fut bientôt confirmé par l'ordre qui nous fut donné de préparer les malles. En une ou deux semaines d'intense activité, toutes les voitures, tous les mulets, tous les chevaux et tous les hommes vigoureux de la région furent réquisitionnés sans aucun souci des préjudices que leur absence allait causer à l'agriculture, en pleine saison des récoltes. Il fallait convoyer vers Pékin tout ce que la cour avait amassé de richesses, et la population eut beau crier à l'injustice, nul, dans le palais, n'avait le loisir de se pencher sur ces ridicules considérations de bouseux. Nous partirions en août, tant pis pour les récoltes. Notre séjour n'avait engendré que la plus effroyable misère, et notre départ ne fut pas même un soulagement pour la population ; nos dernières réquisitions achevaient de ruiner la région. Nous la laissions exsangue, mais notre départ n'en fut pas moins somptueux pour autant : les trois personnes impériales quittèrent la ville dans de grands palanquins à huit porteurs, précédés par une importante colonne de soldats et de vingt-quatre bannières jaunes ornées d'un dragon. Suivaient les hauts fonctionnaires et la garde impériale à cheval, les soldats des armées du Shenxi, du Gansu et du Sichuan formant de chaque côté de la route une haie de protection. Nous ne fûmes point gênés par les manifestations de sympathie ; la population resta chez elle.

Le premier jour, nous ne parcourûmes que vingt kilomètres, et nous fîmes halte à Lingtong, car la Vénérable Aïeule avait envie de se baigner dans la source d'eau chaude de Huaqing. Le lendemain, nous reprîmes la route jusqu'à Huaying où nous logeâmes dans le monastère local. Cette fois, la Vénérable Aïeule voulut gravir le mont Hua pour brûler de l'encens dans le temple de la Source de Jade. Chacune de nos escales lui offrait un nouveau divertissement, mais pour nous qui avions une journée de marche dans les jambes, ces activités n'étaient qu'un surcroît de fatigue dont nous nous serions aisément passés. Après quelques jours encore, nous atteignîmes la province du Henan dont le gouverneur Song Shou, personnage servile et flagorneur, archétype du parfait courtisan mielleux et grimacier, avait mis toute la province à contribution pour nous offrir une réception à la mesure de son dévouement, en organisant une compétition entre des villes de notre itinéraire ; sur des kilomètres de long, ce ne furent qu'encens, bannières louangeuses, tapis de fleurs et acclamations. Cixi se sentit de si bonne humeur qu'elle autorisa, autorisation qui sonna comme un ordre aux oreilles des fonctionnaires locaux, tous les paysans à venir avec leurs vieillards et leurs enfants s'agenouiller sur le bord de la route pour les regarder passer, elle et l'empereur. Dans un élan de générosité, elle alla jusqu'à faire relever les rideaux de leurs palanquins, et le petit peuple eut l'heur de contempler leur souveraine face. Des familles entières se pressèrent ainsi sur notre passage, portant avec elles ce qu'elles possédaient de meilleur en fruits et produits régionaux. Elle condescendit à accepter un ou deux fruits pour montrer combien elle était sensible à ces petits cadeaux de manants, et chargea Li Lianying de lancer quelques poignées de pièces à la foule des paysans, pour les récompenser de leur dévotion.

Nous fîmes une escale de quelques jours à Luoyang, car elle voulait visiter la grotte des Mille Bouddhas au mont Longmen, brûler de l'encens sur le mont Xiang et se rendre sur la tombe de Guan Yu ; chacun de ces déplacements donna lieu à de grandes manifestations de ferveur populaire : des autels étaient dressés devant les maisons, les paysans nous distribuaient des fruits et des pâtisseries en nous souhaitant vie et bonheur éternels. Elle en conçut tant d'aise qu'elle donna ordre de faire fabriquer sur place des petites médailles d'une once d'argent, en forme de calebasse, attachées par un cordon de soie jaune, sur lesquelles étaient frappés ces mots : *A mon bon sujet.* Elle en fit faire un millier, que ses gardes distribuaient sur son passage sitôt qu'elle pointait le doigt sur l'un des pauvres hères agenouillés au bord de la route, des vieillards pour la plupart. Mille plaques furent ainsi semées de Luoyang à Baoding où nous prîmes le train pour Pékin.

Notre retour était mieux organisé que ne l'avait été notre fuite, un an auparavant ; des charrettes de ravitaillement étaient parties avec nous, et rien n'était plus laissé au hasard ou à l'inspiration des chefs des villes que nous traversions. Pour les repas, des menus avaient été établis, afin qu'au cours du voyage comme dans les palais chacun mangeât selon son grade, son titre de noblesse et ses revenus. L'observance de cette règle fut un pénible embarras pour tous ceux qui nous accueillirent : avant notre arrivée, de gigantesques tentes étaient dressées pour installer nos cuisines, investissant des rues entières, chassant les gens de leurs maisons pour plus de commodité. Nous étions venus en fuyards, nous repartions en conquérants. Nous ne passions plus dans les villes, nous les assiégions ; non contente d'arriver en maître et de provoquer l'ébranlement, notre escorte se livrait à de véritables pillages. Chacun raflait tout ce qui lui passait à portée de main, étoffes, objets précieux, bougeoirs d'argent, encensoirs... Les chefs eunuques se révélèrent une fois encore les plus odieux. Laissant les vulgaires rapines à la valetaille, ils obligeaient leurs hôtes à leur offrir de l'argent et des cadeaux en quantité.

La plupart s'exécutaient sans oser se plaindre, tellement les grands castrats leur faisaient peur. Nous assistâmes cependant à des scènes terribles, où certains fonctionnaires, totalement dévalisés, se jetaient devant le palanquin de Cixi pour crier à l'injustice. Néanmoins, ceux-là étaient une infime poignée, car elle supportait mal d'être importunée par ces petits tracas. Aussi, par souci de lui plaire, les notables se laissaient piller sans formuler de griefs, mais partout, nous laissâmes un piètre souvenir.

Après Luoyang, nous traversâmes Hulao, Yongyang, Zhengzhou, Zhongmu... pour arriver enfin à Kaifeng dont le fameux Song Shou, qui avait orchestré tant de manifestations populaires dans sa province, était le préfet. Son accueil magnifique fut, par malchance, attristé par l'arrivée d'un télégramme annonçant la mort de Li Hongzhang, délégué avec le prince Qing aux négociations de paix. La nouvelle porta un rude coup à Cixi, car si la paix était presque conclue, les modalités n'en étaient pas encore fixées, et elle lui faisait plus confiance qu'au prince Qing pour défendre les intérêts de l'empire. Elle lui fit composer un éloge funèbre, lui conféra le plus haut titre de noblesse, déclara qu'il serait honoré comme l'un des sages du pays, et ordonna de faire construire des sanctuaires à sa mémoire dans toutes les régions où il avait officié, ainsi qu'à Pékin. Sur quoi, elle désigna Wang Wenshao pour continuer sa mission auprès des délégations étrangères, en lui adjoignant Yuan Shikai pour traiter des affaires militaires.

Nous restâmes quelques jours à Kaifeng, le temps de célébrer les anniversaires de la Vénérable Aïeule et de l'empereur. L'idée en avait été suggérée par Li Lianying, qui avait insisté pour que notre séjour fût prolongé, afin de fêter dignement ces glorieux événements. Cixi était plutôt favorable à un départ rapide, mais devant les instances de son favori, elle avait fini par céder. En réalité, les motivations de Li Lianying n'étaient point aussi louables qu'il le prétendait, et s'il voulait retarder le moment du retour, c'était moins pour fêter ses souverains que pour temporiser. Car même si Cixi ne le lui avait jamais reproché, à l'exemple du prince Duan et de Gang Yi, il avait lui aussi poussé à la guerre et soutenu les Boxers. A présent qu'il s'agissait de paix, il craignait pour son avenir. Les revendications des étrangers n'étaient pas encore précisées et, redoutant de se voir désigné comme l'un des responsables, il préférait attendre de plus amples nouvelles des négociations pour pouvoir décider d'une action éventuelle ; c'est ainsi qu'il avait saisi l'opportunité des anniversaires des deux souverains nés à quelques jours d'intervalle. Son inquiétude fut de courte durée : avec les cadeaux d'anniversaire, le prince Qing, qui était son allié, lui fit parvenir un message l'assurant qu'il n'avait point été désigné parmi les responsables. Lors, fort de son immunité, il réussit à convaincre l'impératrice Cixi de destituer le dauphin, le propre fils du prince Duan, tenu lui, pour criminel. Son premier argument était que cette disgrâce ne pouvait que satisfaire les étrangers, et le second, plus convaincant, qu'il était hasardeux de placer sur le trône le fils de celui qu'elle avait publiquement désavoué, dégradé et exilé. C'était risquer d'être écartée du pouvoir dans quelques années ; cette dernière menace lui parut si odieuse que, le jour même, un ordre officiel signé de l'empereur Guangxu annonça la destitution du prince héritier et sa dégradation au titre de comte. La perte du trône, qu'il n'avait jamais convoité, n'affecta guère le jeune homme qui préférait la compagnie des demoiselles d'honneur du palais à celle des vieux courtisans.

Cette affaire réglée et les anniversaires célébrés, nous quittâmes Kaifeng pour les embarcadères de

Liuyuan et de Heigang, d'où nous traversâmes le fleuve Jaune. Song Shou avait fait lier entre eux cinq grands bateaux repeints de frais, dont deux, ceux de la Vénérable Aïeule et de l'empereur, avaient une forme de dragon. Courtisans et domestiques montèrent dans de petites embarcations, et Cixi fut si contente de son armada et de l'accueil exceptionnel que lui avait réservé Song Shou qu'elle le promut gouverneur des provinces du Fujian et du Zhejiang.

L'armée de Yuan Shikai nous attendait à Cizhou dans le Shenxi, pour nous escorter jusqu'à Pékin sous le haut commandement de Zhang Xun, qui n'avait rien à envier à Song Shou pour la flagornerie. Nous traversâmes Xingtai, puis, de Zhengding, nous prîmes le train pour Pékin. C'était le 25 novembre 1901 ; j'allais voyager en train pour la première fois de ma vie. Lorsque nous entrâmes dans la gare, à sept heures du matin, à la suite de l'impératrice Xiaoding, les fonctionnaires et les membres de la famille impériale attendaient dressés dans le hall comme dans la cour d'honneur de la Cité Interdite. Le cortège de l'empereur arriva à sept heures trente et celui de la Vénérable Aïeule une heure plus tard. Chacun se prosterna sur son passage, et l'empereur vint s'agenouiller devant elle, suivi de son épouse et de la favorite Jin. Cixi, qui avait l'air de joyeuse humeur, sans doute à la perspective de retrouver sa capitale, leur adressa un franc sourire, tout en hochant la tête.

— Relevez-vous ! Relevez-vous ! leur dit-elle, comme si elle avait trouvé leur position incongrue dans un hall de gare.

Elle se touma vers Li Lianying.

— Fais vite charger tous les bagages et veille bien que tout y soit.

A la vérité, il se soucia plus des siens que de ceux de sa maîtresse. Il stationna sur le quai tout le temps du chargement, vérifiant minutieusement que rien n'était oublié, puis il désigna plusieurs eunuques de confiance pour rester dans le wagon tout le temps du voyage, moins pour s'assurer de ne point perdre de malle en cours de route que pour se garder de la curiosité de certains membres de la cour qui devaient bien se douter qu'elles ne contenaient pas que des produits régionaux. Pendant que ses bagages étaient chargés, Cixi reçut le chef de gare belge pour le remercier d'avoir mis le train à sa disposition, car les voies ferrées avaient été construites par les étrangers. Comme elle était superstitieuse, elle tenait à respecter le jour et l'heure d'arrivée que son astrologue lui avait désignés comme propices à son retour dans la capitale, et elle donna des consignes pour que l'allure du train fût réglée en fonction de ces impératifs. Lorsque tout fut prêt, nous montâmes dans les compartiments. L'intérieur des voitures impériales était entièrement capitonné de satin jaune et le sol recouvert d'un épais tapis de même couleur, orné d'un dragon. La Vénérable Aïeule disposait de deux compartiments, dont l'un était pourvu d'un lit et l'autre d'un trône pour lui permettre de réunir son conseil. D'épais rideaux masquaient les fenêtres, mais elle donna l'ordre de ne les fermer que pendant la nuit, soucieuse d'honorer son bon peuple du spectacle de son retour.

Nous arrivâmes à Baoding le 27 novembre ; nous passâmes la nuit dans la ville, et le 28 à midi, nous étions à Fengtai. A cette époque, la voie ferrée n'entrait pas encore dans la capitale, et la gare de Majiabao, au nord de Fengtai, à sept kilomètres de la porte de la Tranquillité Eternelle, était la plus proche. En temps normal, un service de tramways assurait la liaison entre la gare et la ville, mais les rails avaient été arrachés par les Boxers, et les véhicules détériorés. A Majiabao, nous fûmes accueillis par le cortège des grands courtisans restés à Pékin, conduits par le prince Qing, ainsi que par une délégation d'hôtes étrangers. Les courtisans attendaient debout sur le quai, et les étrangers assis sur des banquettes installées pour l'occasion. Un grand trône doré avait été placé au bout du trottoir, et la gare somptueusement décorée pour célébrer dignement le retour des souverains. A la seconde où notre train entra, tous les courtisans tombèrent à genoux, mais les étrangers restèrent grossièrement assis, comme au spectacle. Lorsque Cixi sortit la tête par la fenêtre de son compartiment pour leur adresser un sourire, ils la saluèrent négligemment d'un geste de la main, sans se lever pour autant. Elle fut la première à descendre, et Li Lianying l'abandonna quelques instants pour aller vérifier ses bagages, cependant qu'elle prenait place sur le trône.

L'empereur, son épouse, la favorite Jin, les grands courtisans et leur suite sortirent en bon ordre de leurs wagons respectifs. Le prince Qing vint s'agenouiller devant la Vénérable Aïeule, elle le remercia pour son action en faveur de la paix, et ce ne fut que lorsqu'elle quitta son trône pour monter dans un palanquin à huit porteurs que les étrangers se décidèrent enfin à se lever. J'imaginais que c'était pour lui rendre hommage, mais c'était simplement pour la photographier. Il y eut d'un coup un désordre indicible de bousculades, de mitraillages et de cris qui n'avaient rien à voir avec les manifestations de foule que nous avions croisées au cours du voyage. Ici, plus de dévotion ni de respect ; à l'évidence, ce n'étaient point le Vieux Bouddha et le Fils du Ciel qu'ils voulaient photographier, mais les derniers spécimens d'un empire déclinant, qu'ils allaient ensuite exhiber dans leurs salons de Paris ou de Londres.

Le tronçon de route entre la gare et la Cité avait été remblayé de terre fraîche et humectée, pour éviter que la poussière ne souillât notre cortège. L'armée mandchoue nous escortait en uniforme de parade, suivie de la garde impériale, et ce fut un convoi gigantesque qui entra dans la Cité. Les concubines impériales qui ne nous avaient point suivis dans notre exil vinrent se prosterner devant la Vénérable Aïeule, et elle leur posa quelques questions sur leur vie dans la Cité durant son absence. Cette audience ne dura guère de temps, car le plus grand souci qu'elle avait était de vérifier que le trésor enterré dans la cour de son palais la veille de notre exil n'avait subi aucun dommage. Personne n'y avait touché ; la Cité Interdite n'avait pas été pillée.

Je retrouvai avec plaisir le palais de la Tranquillité Terrestre, comme qui rentre chez soi après une longue absence. Rien n'avait bougé. Je remplis une cuvette d'eau pour que l'impératrice Xiaoding se rafraîchît le visage, et je lui servis le thé. Tout en buvant, elle me dit :

— Depuis notre départ, je n'ai eu qu'à me féliciter de toi. Toujours le premier levé et le dernier couché, tu as mis tout ton cœur à me bien servir. Va dire à ton maître Diba que je veux le voir.

Je sortis, le cœur battant, pour aller chercher mon maître. La tête me tournait un peu ; c'était l'émotion. L'impératrice en personne m'avait félicité, et cela suffisait à me rendre heureux comme un enfant. Devant Diba, elle répéta sa satisfaction et le félicita de l'excellente formation qu'il m'avait donnée. Puis elle lui ordonna de me faire remettre six taëls d'argent à titre de récompense pour mes bons services, et de s'occuper de me faire promouvoir de deux échelons. Mon maître se prosterna devant elle en se frappant le front à terre et je l'imitai, en remerciant ma maîtresse de sa bonté. En sortant de ses appartements, maître Diba me dit :

— Cette fois-ci, Yu Chunhe, tu ne te seras pas

donné du mal pour rien. Tu me fais honneur par ton attitude. Continue comme cela, et tu auras un bel avenir.

— Tout le mérite en revient à mon maître, qui m'a tout appris, dis-je humblement en baissant la tête.

Il m'envoya une claque amicale sur le crâne.

— C'est qu'il sait faire de belles phrases, l'animal !

Ensemble nous éclatâmes de rire.

Chapitre 10

Les luttes pour le pouvoir après la mort de Cixi et de l'empereur Guangxu, et la proclamation de la république

En novembre 1908, à deux jours d'intervalle, les décès de l'empereur Guangxu et de l'impératrice Cixi achevèrent de plonger la Cité dans le désordre qui sévissait déjà depuis quelques années. L'empereur était mort le premier, le 14 du mois, et, soucieuse de ménager ses propres intérêts, Cixi avait désigné Pu Yi, le fils de Zai Feng, pour lui succéder. De tout son entourage familial, Zai Feng, le frère de l'empereur défunt, lui était le plus obéissant et le plus soumis. Ainsi, en plaçant sur le trône du Dragon son fils âgé de cinq ans, la Vénérable Aïeule prenait la garantie de pouvoir continuer d'assurer la régence à sa guise. Elle avait donc tout prévu, sauf la crise d'apoplexie qui l'emporta le 15 novembre. Le testament qui désignait Pu Yi pour successeur et son père Zai Feng pour régent, comportait une clause spéciale qui l'obligeait, en matière de politique, à se soumettre aux ordres et aux décisions de la Vénérable Aïeule exclusivement. Elle disparue, le régent aurait dû pouvoir régenter librement, mais l'impératrice Xiaoding, la veuve de l'empereur Guangxu, devenue grande impératrice sous le nom de Longyu, ne l'entendit point de cette oreille. Sitôt le décès de Cixi proclamé, après des années passées dans l'ombre de son gynécée, elle se mit brusquement en tête de se mêler de politique, d'orchestrer la régence de Zai Feng et de gouverner elle aussi *derrière le rideau* à l'exemple de sa grand-tante, qui avait présidé toutes les audiences du jeune Guangxu sur un second trône dissimulé par un rideau de soie noire, pour pouvoir lui souffler ses réponses sans être vue ni entendue. Elle n'était point la seule à caresser cette ambition. Les trois vieilles favorites de l'empereur Tongzhi, la favorite Yu, la favorite Xun, la favorite Jin, et l'autre favorite Jin, celle de l'empereur Guangxu, partageaient avec elle la même volonté de gouverner derrière le fameux rideau noir. La guerre des favorites était déclarée. La plus ambitieuse des quatre était incontestablement Jin, la favorite de l'empereur Guangxu. Aussi jalouse qu'intrigante, elle vouait une haine implacable à la favorite Yu, qu'elle considérait comme sa rivale la plus menaçante. Yu partageant son sentiment, elles passaient leur temps à se dénigrer, à se ridiculiser, et à tenter de se nuire. Avec l'empereur enfant, la favorite Jin entreprit de se montrer maternelle, mais, desservie par un naturel autoritaire et inquisiteur, elle ne parvint jamais qu'à composer un rôle de mère abusive et tyrannique. Elle imaginait qu'en brimant le jeune Pu Yi, elle parviendrait à se l'asservir et, que devenu adulte, il continuerait à lui obéir aveuglément, mais elle joua de maladresse. Un jour, par exemple, il chargea deux de ses jeunes eunuques de lui acheter quelques paires de chaussettes dans un magasin de produits étrangers de la capitale, car il aimait se vêtir à la mode occidentale. Lorsque la favorite Jin vint à apprendre ce petit achat, elle réagit fort violemment, l'accusant de trahir ses ancêtres, de renier son identité et de bafouer les conventions. Elle le convoqua sur l'heure avec son père, et cependant qu'elle taxait le premier d'indignité, elle reprocha au second son trop grand laxisme. Ni le père ni le fils ne voulurent admettre la gravité de la faute ; le père, plus pâle qu'un linge, lui tint tête obstinément et le jeune empereur renfrogné ne consentit même pas à lui adresser la parole. A bout d'arguments, elle convoqua les deux jeunes eunuques, leur fit administrer deux cents coups de bâton et ordonna leur dégradation aux tâches les plus indignes de leurs fonctions ; ils durent quitter l'entourage de l'empereur pour finir leurs jours à gratter les dalles de la cour et à récurer les latrines. A force de tels excès de zèle, elle finit par s'attirer l'inimitié du jeune Pu Yi, au point qu'il ne fit même plus l'effort de lui disssimuler son hostilité. Elle continua néanmoins à mettre ses plus fidèles eunuques à sa disposition, afin de pouvoir l'espionner et surveiller ses relations avec les autres favorites, sous couvert de le servir. Le jeune empereur, qui n'était pas dupe, tempêtait contre l'inquisition de la favorite et Zhang Qianhe, le chef de son palais, vit d'un très mauvais œil l'incursion d'autres eunuques sur son territoire. La coupe fut bientôt pleine, et déborda enfin le jour où elle décida de congédier sans motif Fan Yimei, le médecin de la cour à qui le jeune Pu Yi accordait le plus de confiance et d'estime. A l'heure même où il apprit sa révocation, il se précipita dans la résidence de la favorite et lui exprima sans ménagement qu'elle outrepassait ses droits. Outragée de ce que le jeune blanc-bec osât contester l'une de ses décisions, elle convoqua le conseil des grands nobles et des ministres. Elle prévoyait d'obtenir leur soutien inconditionnel et une condamnation unanime du petit monarque, mais rien ne se passa selon ses prévisions, car si les grands de la cour ne tenaient point à l'offenser, ils désiraient encore moins heurter l'empereur. Ils s'efforcèrent de rester neutres, et l'affaire ne prit à aucun moment les allures de conseil de guerre qu'entendait lui donner la favorite. Cet échec lui révéla les limites de son autorité et la précarité des soutiens qu'elle pouvait espérer. Ainsi finit-elle par renoncer à ses rêves de régence.

La favorite Yu, qui partageait ses ambitions, usa d'autres méthodes. Son expérience de la vie à la cour lui ayant enseigné que qui voulait entrer dans les grâces d'un maître devait commencer par courtiser le chef de son palais, elle s'efforça de plaire à Zhang Qianhe pour mieux aborder le jeune Pu Yi. L'occasion lui en fut donnée le jour où Zhang Lianlu, la nourrice du petit empereur, eut une violente altercation avec l'un des eunuques de son propre palais. L'affaire fit grand bruit dans toute la Cité, car une telle querelle était une violation des tabous. Deux domestiques ne pouvaient raisonnablement s'injurier dans la maison impériale et un châtiment exemplaire aurait dû leur être infligé. La favorite Yu réfléchit longuement avant de prendre une décision. Pour connaître l'amour que le jeune empereur vouait à sa nourrice, elle hésitait à lui faire subir une punition qui aurait pu heurter ce dernier. Aussi, lorsque Zhang Qianhe vint la trouver pour lui proposer de régler paisiblement cette délicate affaire, accepta-t-elle de bonne grâce, obtenant d'un coup la considération de l'eunuque et l'estime du jeune empereur. Son habileté fut d'autant plus payante que Pu Yi avait une totale confiance dans le chef de son palais. La favorite Yu, qui avait su s'en faire un allié, eut donc une certaine influence sur le petit monarque. Pour dire à quel point Zhang Qianhe la tenait en estime, je me souviens d'une anecdote que m'avait confiée l'un de mes collègues de l'époque : un jour, Zhang Qianhe avait fait porter à l'empereur une boîte de fruits confits, petite attention que les chefs de palais avaient fréquemment envers leurs maîtres : lorsque le domestique qu'il avait chargé du présent était allé le remettre à l'empereur, il avait trouvé la favorite Yu en sa compagnie. Averti de cette circonstance, Zhang Qianhe avait aussitôt fait parvenir une boîte identique dans la résidence de la favorite, en ordonnant au domestique de dire que c'était un cadeau de l'empereur. Elle voulait avoir l'exclusivité de l'affection du jeune souverain, et la jalousie qu'elle éprouvait à l'égard de ses rivales la rendait intraitable. Un jour que je passais devant le palais de la Double Floraison, la résidence de la favorite Yu, je vis Dai Qingxi en train de frotter les dalles de la cour.

Dai étant l'un de ses eunuques préférés, je me demandai quel crime il avait pu commettre pour mériter cette dégradation. Je le connaissais bien, aussi n'hésitai-je pas à lui exprimer mon étonnement.

— Pourquoi est-ce toi qui nettoies les sols à présent ? lui dis-je, interloqué.

Dai baissa la tête d'un air abattu et il se prit à sangloter.

— Que se passe-t-il ? lui dis-je en lui prenant la main. Allez, viens, on va trouver un coin tranquille et tu vas tout me raconter.

Nous allâmes nous asseoir derrière un mur du palais, à l'abri des regards, et il me raconta son histoire.

— L'autre jour, j'ai accompagné ma maîtresse dans la résidence de la favorite Jin, et cependant qu'elles bavardaient, je suis allé voir Liu, un des eunuques de son palais, histoire de passer un moment. Je te jure que l'on n'a vraiment pas dit grand-chose, et pourtant, dès notre retour, ma maîtresse a tempêté contre les intrigants qui se font payer par un maître tout en œuvrant pour leur rival. Sur le coup, je n'ai pas compris que l'attaque m'était destinée et je n'ai pas réagi, mais elle a appelé le deuxième chef et, devant lui, elle m'a accusé ouvertement de trahison. J'ai bien tenté de me disculper en jurant que je n'avais rien fait ni dit pour mériter cette accusation, mais cela n'a fait que la fâcher davantage. Pour la peine, j'ai reçu cent coups de bâton et j'ai été dégradé au dernier échelon, avoua-t-il en pleurant.

Je ne trouvai rien à dire pour le consoler, mais sa triste expérience me confirma qu'il ne convenait point de relâcher sa vigilance en cette période plus que jamais troublée par des luttes intestines. Ma position était d'autant plus délicate que j'étais au service de la nouvelle grande impératrice, qui, plus encore que les favorites, était obsédée par l'idée de régenter l'empire. A la vérité, tenue pendant des années à l'écart de la vie politique, elle n'avait aucune idée de ce que gouverner représentait. Elle ignorait tout des finesses, des artifices et des habiletés contingents à l'exercice du pouvoir, et n'avait point assez de subtilité et d'autorité pour composer avec son entourage ou s'imposer ; et, surtout, elle n'avait aucun droit d'assister aux conseils derrière le rideau, car nul document ne la désignait comme régente. Avant de mourir, Cixi lui avait pris la main.

— Tu es à la fois ma nièce et l'épouse de l'empereur ; je voudrais pouvoir m'occuper de toi longtemps encore, mais il n'est pas de banquet qui ne finisse par s'achever. La pilule d'immortalité n'a pas encore été découverte ; je voudrais vivre éternelle mais le Ciel en a décidé autrement...

Néanmoins, à cette fin qu'elle évoquait si aisément, personne ne crut réellement avant la crise qui l'emporta brutalement, encore moins elle, qui ne laissa aucun testament autorisant sa nièce à jouir de ses prérogatives ; sans un tel document, l'impératrice Longyu ne pouvait point gouverner *derrière le rideau*. Furieuse d'être écartée du pouvoir, elle entreprit de chercher querelle à Zai Feng ; comme elle n'entendait rien aux affaires de l'Etat, il lui fut malaisé de contester ses grandes décisions politiques, aussi dut-elle se contenter de l'attaquer sur des broutilles. Puis, lorsqu'elle mêla Zhang Lande, le chef des eunuques de notre palais, à la discorde, l'affaire s'envenima car Zhang, qui était aussi intrigant que tous ses pairs, ne manqua pas de jeter de l'huile sur le feu.

Depuis des années, Zhang Lande n'avait point négligé ses efforts pour entrer dans les grâces de ma maîtresse et il avait fini par lui devenir si indispensable qu'elle l'avait nommé chef de sa résidence. Lors, maître Diba n'avait pas tardé à demander sa retraite. En 1898, l'année de mon arrivée au palais de la Tranquillité Terrestre, notre chef à tous était Wan Baozai. Il avait pris dans son entourage ses trente-six meilleurs amis, dont maître Diba faisait partie, plaçant le palais entre les mains de ses fidèles. Aussi, lorsque Zhang Lande prit sa place, entreprit-il de se débarrasser des trente-six chefs affidés à son prédécesseur pour les remplacer par ses propres satellites. Maître Diba, sentant le vent tourner, se hâta d'invoquer son âge avancé pour obtenir sa mise à la retraite, ce en quoi il joua d'habileté. Il put ainsi continuer à percevoir son traitement tout en se mettant à l'abri des manœuvres de Zhang. Ses collègues, moins prudents que lui, furent dégradés et préposés aux plus sales besognes : de chefs de palais, ils se retrouvèrent, du jour au lendemain, à curer les latrines. Aucune humiliation ne leur fut épargnée, pour deux taëls d'argent de salaire mensuel. Zhang Lande était de la race de Li Lianying. Il avait débuté lui aussi comme simple domestique dans le palais de la Vénérable Aïeule, où il avait su très vite se faire remarquer, en usant de trois astuces, simples mais efficaces : la première consistait à observer le temps, dès son lever, et là où son génie intervenait, c'était qu'il prévoyait généralement fort à propos comment il allait évoluer. Aussi avait-il le talent non seulement de préparer pour sa maîtresse les vêtements les mieux adaptés, mais aussi d'emporter dans sa promenade l'ombrelle, le parapluie, l'éventail ou l'habit supplémentaire auquel nul autre n'avait songé, et qui s'avérait toujours indispensable. Cixi avait ainsi commencé à le distinguer de la masse, pour ces petites attentions répétées. Par ailleurs, très attentif aux goûts, caprices et habitudes de sa maîtresse, il avait fini par la connaître si bien qu'elle n'avait plus besoin d'ordonner pour être servie selon sa volonté. Enfin, il était fin psychologue et semblait avoir pénétré tous les recoins de la personnalité de la vieille impératrice ; il savait la satisfaire en toute occasion. Qu'elle fût irritée ou simplement maussade, il se pliait à toutes ses exigences, et la flattait si bien dans le sens du poil qu'il fut bientôt l'un des rares, dans son palais, à ne jamais être insulté. Elle ne pouvait se passer de ses services, et en était si satisfaite qu'elle lui décerna le titre officiel de « meilleur serviteur », distinction fort glorieuse dont peu avaient eu les honneurs. Elle le nomma ensuite conservateur de ses huit objets précieux : papier, encre, pinceau, encrier, sceau de jade, tampon encreur, chapelet et encens, et on le surnomma « le Grand Gardien des huit trésors ». Puis elle lui confia la gestion de ses vêtements et de ses bijoux et avec cette nouvelle charge, il reçut le nouveau sobriquet de « Grand Gardien des parures ». La Vénérable Aïeule ayant la passion des cartes, il devint naturellement son partenaire favori. Il savait tirer parti de toutes les situations. Ainsi en 1898, lorsque, après sa tentative avortée de réformer le gouvernement, l'empereur Guangxu se retrouva l'otage de sa grand-tante et prisonnier sur la petite île artificielle de Yintai, dans la Cité Interdite, ce fut lui, Zhang Lande, qu'elle chargea de porter ses trois repas quotidiens à l'empereur ; elle vérifiait personnellement les plats pour s'assurer qu'ils étaient aussi infects qu'elle l'avait ordonné, mais Zhang Lande, soucieux de plaire à celui qui allait peut-être régner un jour, sut bien la duper : il ne soumettait à son appréciation que des repas fort médiocres, mais sitôt qu'elle avait le dos tourné, il ajoutait sur son plateau tout ce dont il savait le monarque friand. Ainsi se ménagea-t-il l'affection et la confiance des deux, à tel point que certains courtisans faisaient appel à ses services pour qu'il intervînt en leur faveur. Ses interventions étant fort coûteuses pour le requéreur, Zhang accumula rapidement une belle fortune. Il sut parallèlement entrer dans les grâces de l'impératrice Xiaoding, et après le décès de l'aïeule et de l'empereur, il se rangea naturellement à son côté pour comploter contre le régent Zai Feng. La nouvelle grande impératrice ne jura bientôt plus que par lui, et il obtint sans peine de se faire nommer chef de son palais. Il jouissait par ailleurs d'un réseau d'amitiés très sûres, dont Yuan Shikai faisait partie, et avec lequel il fallut désormais compter. Après la disgrâce de Wan Baozai et le départ de maître Diba, je craignis quelque temps de subir les représailles du nouveau favori, mais il n'en fut rien. Je n'étais pas lié à Wan Baozai et je bénéficiais de l'estime de ma maîtresse, ce qui me laissa à l'écart des querelles. Néanmoins, je restai très prudent, et je lui témoignai autant d'égards et de respect qu'à l'impératrice en personne.

A la vérité, Zhang Lande servait moins les intérêts de cette dernière que ceux du ministre des Armées Yuan Shikai, qui finançait largement sa collaboration. Leur but étant d'accélérer la chute de Zai Feng pour instaurer une république constitutionnelle dont Yuan Shikai lui-même aurait été le président, Zhang Lande n'eut de cesse de provoquer les affrontements entre l'impératrice et le régent. Le premier conflit fut déclaré alors que la cour était encore doublement en deuil de la Vénérable Aïeule et de l'empereur Guangxu. L'empire était dans une situation dramatique ; les caisses du gouvernement étaient vides. Des sommes colossales avaient été dépensées pour renforcer les armées terrestre et navale. Mais, en dépit de ces difficultés, Zhang Lande réussit à convaincre l'impératrice Longyu de la nécessité de faire ériger un palais de cristal à sa gloire personnelle, ce à quoi Zai Feng s'opposa fermement. De là, leur hostilité se transforma en de véritables batailles rangées dans lesquelles chacun n'avait pour but que de réduire l'autre à merci. Sous l'influence de Zhang Lande, l'impératrice se mêla des décisions politiques ; Zai Feng ne se laissait point manipuler aisément, fort de ce qu'elle n'était point habilitée à régenter, mais leurs dissensions mettaient à mal le gouvernement.

En 1911, le soulèvement de Wuchang acheva de faire vaciller l'empire déjà fort fragilisé ; les unes après les autres, les provinces déclarèrent leur indépendance, et Yuan Shikai apparut alors comme le seul homme capable d'éviter la guerre civile. Dans un premier temps, l'impératrice Longyu se déclara farouchement opposée à l'établissement d'une république, mais Zhang Lande passa ses journées à agiter devant elle la menace grandissante des soulèvements provinciaux qui infligeaient à l'armée régulière des échecs répétés.

— Imaginez que, par malheur, les troupes rebelles entrent dans Pékin, lui disait-il, la première chose qu'elles feront sera de saccager la Cité Interdite, et sans parler des trésors inestimables qui tomberont entre leurs mains, songez, Majesté, à ce qu'il adviendra de votre vie. Je vous supplie de ne point vous mettre en péril. Accepter la république est actuellement la solution la plus sage ; des conditions de vie fort privilégiées seront garanties aux nobles de l'empire, la famille impériale pourra demeurer dans la Cité et conserver son train de vie. Il vaudrait mieux négocier une passation des pouvoirs dans la paix, plutôt que de s'y soumettre sous la contrainte.

Il dit tant et si bien qu'il réussit à convaincre l'impératrice du bien-fondé d'un abandon de pouvoir. Zai Feng fut forcé de démisssionner, et elle signa en son nom une abdication en faveur de la république, dont Yuan Shikai fut nommé président. Elle mourut moins d'un an après cette abdication.

Son rôle d'intermédiaire et d'intrigant avait enrichi Zhang Lande de trois millions de taëls, généreusement offerts par le nouveau président en échange de ses bons et loyaux services, et il avait su faire fructifier cet argent. Dans son pays natal à Jinghai, au Hebei, il avait acheté une dizaine d'hectares de terre ; à Nanwan, dans les environs de Pékin, il en avait acquis une vingtaine ; dans la concession britannique de Tianjin, il était devenu propriétaire de douze résidences ; à Pékin, dans la rue Yongkang, il s'était fait construire un véritable petit palais ; au cœur de Pékin, dans les rues Xuanyukou et Beigouyuan, il avait ouvert deux grands centres de prêts sur gages, au capital de cent mille taëls d'argent. Par ailleurs, il s'était associé avec d'autres de ses collègues pour ouvrir un grand magasin d'étoffes de luxe, au capital de deux cent mille taëls, dans lequel il en avait personnellement investi cent quarante mille. Sa fortune n'était pas exclusivement le fait de la générosité de Yuan Shikai, mais provenait également des pots-de-vin et des fonds qu'il avait détournés, à la manière de tous les grands castrats de la Cité.

Tel était Zhang Lande, l'homme qui allait bientôt me prendre à son propre service, et avec lequel j'allais fuir la Cité Interdite après dix-huit années d'enfermement.

Chapitre 11

Comment je suivis Zhang Lande à Tianjin

Après la proclamation de la république, la cour impériale, autour du jeune empereur Pu Yi, fut autorisée à rester dans la Cité Interdite, mais elle n'était déjà plus que ce que d'aucuns surnommaient « la petite cour ». Dans les apparences, un certain protocole était respecté, le luxe du train de vie préservé, et, cependant, chacun savait que la maison impériale vivait ses derniers soubresauts avant l'extinction finale. Les eunuques étaient soucieux, moins pour leurs maîtres que pour eux-mêmes. La situation de la petite cour était précaire ; en dépit des simulacres d'insouciance, et avec la complicité de leurs plus proches eunuques, princes et princesses commençaient à vendre leurs objets de valeur dans la perspective d'un départ véritable ; d'autres déménageaient les trésors de leurs résidences dans leurs régions natales, en prévision d'un repli ; chacun préparait sa sortie. Les grands eunuques, plus prudents que leurs maîtres, l'avaient préparée de longue date, et les fortunes indues qu'ils avaient amassées dans l'exercice de leurs fonctions leur permettaient de considérer l'avenir sans trop d'inquiétude. L'exemple le plus notoire était celui de Li Lianying qui avait fui la Cité à la mort de la Vénérable Aïeule et était décédé peu de temps après.

Avant son départ, il avait offert à chacun de ses quatre fils adoptifs un énorme sac rempli de jades et d'objets précieux, en plus des sommes colossales qu'il leur avait remises en argent frais ; chacune de ses deux filles avait reçu cent soixante-dix mille taëls d'argent, ce qui laisse imaginer ce qu'il avait gardé pour lui-même. Zhang Lande, le chef du palais de l'impératrice Longyu, n'avait rien à lui envier, comme j'ai déjà eu l'occasion de le préciser, car outre ses propriétés mobilières et immobilières et ses magasins, ses coffres remplis d'argent et d'objets de valeur auraient suffi à lui assurer une retraite somptueuse.

En cette période de fragilité et d'incertitude, la malhonnêteté des grands castrats fit tache d'huile, et chacun, du mieux loti au plus humble, n'eut plus qu'une idée, les imiter pour parer à l'angoisse d'un avenir précaire. Une sorte de folie contagieuse s'empara des eunuques, et la mise à sac de la Cité impériale qui avait été évitée aux heures les plus noires de la guerre se fit de l'intérieur. Les dieux vacillant, les gardiens du temple se mirent en tête de piller le temple. Une phrase courait sur toutes les lèvres :

— Si tu ne prends rien, les autres le feront à ta place.

Tout disparut bientôt comme par enchantement : antiquités, jades, tableaux, calligraphies, horloges en or, porcelaines, cuivres anciens... Les grands eunuques dérobaient les pièces les plus voyantes au vu et au su de tous, et les petits, contaminés par la fureur, raflaient tous les menus objets : statuettes en or, bols, assiettes de porcelaine..., menus objets dont ils tiraient des sommes confortables du fait de leur valeur marchande et de leur provenance exceptionnelle. Je n'assistai moi-même qu'aux prémices d'un mouvement de délire qui allait atteindre son apogée en 1923. A cette époque, j'avais déjà quitté la Cité Interdite à la suite de Zhang Lande qui s'était retiré à Tianjin, mais nous fûmes avertis de l'événement par certains de ses collègues qui étaient restés : dans l'été 1923, le palais Fujian fut carbonisé et d'aucuns s'étonnèrent que tout ait complètement disparu dans les flammes : l'or, le jade, les tableaux, les meubles, les porcelaines... A la vérité, le chef eunuque Huang Jinlu et un groupe de ses complices avaient simplement fait partir en fumée la preuve de leur forfait, car les richesses qu'il contenait n'avaient point disparu pour tout le monde ; les murs étaient tout ce qu'ils avaient laissé du palais avant de l'incendier.

Les fonctionnaires du bureau des Affaires intérieures ne furent pas en reste. Conscients eux aussi que l'empire agonisait, ils se hâtèrent de dépouiller le moribond pendant qu'il vivait ses dernières heures. Avec l'aval des grands castrats, ils avaient ouvert dans la Cité Interdite des fumeries d'opium et des maisons de jeu à l'intention des fonctionnaires et des eunuques qui prisaient particulièrement ces distractions. Ces activités, parfaitement inconcevables en d'autres temps, donnaient la mesure de la décadence qui régnait. Les grands eunuques, garants du bon fonctionnement de ces cercles clandestins *intra-muros*, percevaient un large pourcentage sur les gains, en échange de leur protection. La Cité interdite qui, quelques années plus tôt, était encore auréolée de tant de majestueuse grandeur et de solennelle gravité, était désormais un vaste cloaque.

Durant toute cette période de dégradation et de désorganisation, je demeurai humble et déférent envers mes supérieurs, sérieux et attentionné dans mon travail, honnête dans la déchéance générale. Je ne prétends point avoir été le seul ; nombre de mes semblables étaient restés intègres et la triste perspective de notre dispersion prochaine les réduisait au désespoir, car en dehors de la poignée de privilégiés qui s'étaient constitué un solide patrimoine, les simples eunuques n'avaient d'autre choix que de finir leurs jours cloîtrés entre les murs d'un monastère ; non point pour y goûter le repos et la paix, car l'accueil des temples étant proportionnel à la fortune qu'on y apportait, la plupart d'entre nous allaient servir de domestiques aux moines. Nul ne se faisait d'illusion sur son avenir et les plus âgés exprimaient leur détresse avec une certaine amertume.

— Qu'allons-nous devenir, nous qui avons passé notre vie à travailler honnêtement sans jamais voler, piller ni détourner ? me dit un jour un vieil eunuque, les yeux noyés de larmes. J'étais encore enfant lorsque je suis entré ici, et à l'époque, je me consolais de ne jamais avoir de descendance en caressant l'espoir de devenir un jour chef de palais. Je me disais qu'alors je ferais l'honneur de ma famille et que pour mes anciens amis aussi, je serais enfin un personnage. Quelle dérision ! Je suis aujourd'hui si misérable que je n'oserai jamais plus les regarder en face. Il n'est pas utile que je retourne chez moi pour leur faire honte à tous. Je sais fort bien qu'à ma mort ils refuseront de m'inhumer auprès de nos ancêtres. Ni homme ni femme, nous ne sommes que des monstres qu'aucun parent n'accepterait de prendre chez soi, pas même comme domestique. Dans quelle misère va-t-on finir ? Le plus sage serait de se jeter dans le fleuve pour en terminer au plus vite.

J'entendais de semblables discours plusieurs fois par jour, et je ne pouvais m'empêcher de ressentir une profonde tristesse face à ces vies arrachées, piétinées, sacrifiées. Dans un premier temps, le spectacle de la douleur d'autrui me bouleversait plus encore que ma propre misère. Pour moi, la perspective du monastère n'était qu'une fatalité de plus à supporter. Ma vie s'était brisée avec mes rêves, vingt ans plus tôt ; qu'importait désormais qu'elle s'éteignît tout à fait entre les murs d'un monastère ou ceux d'un palais. Le sentiment qui prédominait chez moi était celui d'une grande lassitude. J'étais las des coups du sort, et la paix à laquelle j'aspirais semblait ne jamais devoir venir. Puis, l'échéance de notre dispersion approchant, je renouai avec l'angoisse éprouvée devant l'inconnu qui avait suivi la fuite de mon village natal. Du coup, les douleurs que je m'étais efforcé d'effacer des années durant refirent surface ; je n'avais rien oublié, et ce passé que j'avais tenté d'enfouir au fond de ma mémoire rejaillissait à cette heure fragile où ma vie basculait à nouveau. Je songeais à ma mère, à mon père, à Yujie ; je songeais à ce qu'aurait pu être ma vie, à ce qu'elle avait été, au poids de ma destinée. Je sombrais peu à peu dans la mélancolie ; à tout propos, je fondais en larmes. Un soir que je sanglotais ainsi sur moi-même, un vieil eunuque me dit :

— Allons, mon fils, pourquoi te laisser aller au désespoir ? Il faut savoir accepter son destin.

Je levai les yeux sur lui et le dévisageai en silence. En un éclair, il m'apparut tel que je l'avais connu dix-huit ans plus tôt, en ce jour de fête du milieu de l'automne où mon maître Diba m'avait chargé de garder le palais de l'impératrice Xiaoding. C'était l'année de mon arrivée à la Cité Interdite et ce que je lui avais entendu raconter sur la Vénérable Aïeule et Li Lianying m'avait, à l'époque, profondément troublé. Dix-huit ans déjà... A peine avait-il encore quelques poils blancs sur le crâne, négligemment noués en une petite natte malingre qui lui battait tristement les omoplates. Il s'était voûté. Etait-ce là l'œuvre de ce destin qu'il évoquait et de son poids de souffrances accumulées ?

— Essuie tes larmes, me dit-il en sortant de sa manche un mouchoir crasseux. Pleurer ne sert à rien.

Je refusai poliment son mouchoir et je m'essuyai les yeux avec le mien. Il me prit par la main et me fit asseoir sur les marches du plus proche perron. Nous restâmes un moment silencieux, chacun perdu dans ses pensées. Les siennes rejoignaient les miennes. Il dit :

— Toute notre vie, nous avons été honnêtes, mais l'honnêteté n'a jamais enrichi personne. Si un jour nous devons quitter le palais impérial, il ne nous restera plus qu'à nous retirer dans un monastère.

— Peut-on aller n'importe où ?

— Non. Il n'y en a que vingt-six, à Pékin et dans les environs, qui acceptent les gens comme nous.

— En avez-vous choisi un ?

— Je n'y ai pas encore réfléchi, dit-il avant d'ajouter, avec une certaine tristesse : Dans notre situation, peu importe le monastère. Les pauvres n'intéressent personne, dans les monastères comme ailleurs. Le problème est différent lorsqu'on s'appelle Li Lianying, Cui Yugui ou Lin Chengying. Le premier s'est retiré dans le temple d'Enji à l'ouest de la capitale, le deuxième au temple de Guandi à Lima, et le troisième au temple Baozang dans les monts Jin. Ils y ont été reçus comme des princes, mais il n'y sont pas venus les mains vides. Ils ont tous commencé par faire restaurer les bâtiments avant même de s'y installer, puis ils ont acheté toutes les terres des environs ; ils y ont fait cultiver des arbres fruitiers, des légumes, des céréales. Ainsi, entre les loyers et la vente des produits agricoles, ils ont d'abord assuré la fortune de leur temple, et chacun les a laissés s'y comporter en maîtres absolus. Mais nous les pauvres, ne t'imagine pas qu'on va nous accueillir avec autant d'enthousiasme. Il va nous falloir travailler comme nous l'avons toujours fait, pour gagner notre pitance. Partout, même dans les temples, un pauvre reste un pauvre.

Il poussa un long soupir et s'interrompit pour se bourrer une pipe. Il avait commencé par me dire de ne plus pleurer, mais ce qu'il m'avait raconté n'était point fait pour me consoler. Ses paroles étaient à l'image du tabac qu'il fumait. Elles avaient beau être amères à la bouche et lui laisser un arrière-goût plutôt âcre, il ne pouvait s'empêcher de les porter à ses lèvres et de les ressasser à longueur de journée. Après quelques bouffées, il tapota le tuyau de sa pipe contre une marche du perron et il la remit dans son sac.

— Ne te fais point trop de souci, mon garçon. Devant la plus haute des montagnes, on trouve toujours un chemin pour la franchir. Il faut maintenant t'en remettre au Ciel qui a déjà tout prévu pour toi. Crois-moi, il ne te reste qu'à faire ce qu'il aura décidé.

Il partit d'un pas vacillant en longeant le mur du palais et disparut tel un fantôme. Resté seul, avec dans la bouche le goût amer de ses propos, je regagnai ma chambre. Cette conversation m'avait vidé. Je me déshabillai et me mis au lit. Etendu sur ma couche, les yeux rivés au plafond, je me demandais ce que le Ciel avait bien pu décider pour moi. Participer au pillage me répugnait, mais qu'allais-je devenir sans argent ? Mon père, sans doute, était mort depuis bien longtemps et je n'avais plus aucune famille. Certaines paroles me déchiraient le cœur :

— Ni homme ni femme, nous ne sommes que des monstres qu'aucun parent n'accepterait de prendre chez soi, pas même comme domestique.

Etais-je vraiment un monstre ? Seul mon corps avait été altéré, mon cœur était resté le même, mais qui encore pouvait le voir ? De brusques coups résonnèrent à ma porte, me tirant de ces tristes méditations.

— Qui est là ?

— Mu Shun. C'est maître Zhang qui m'envoie. Il veut te voir tout de suite.

D'un bond, je sautai sur mes jambes. J'ouvris à Mu Shun.

— Tu sais ce qu'il me veut ? lui demandai-je avec une certaine inquiétude.

— Non, il m'a simplement dit qu'il voulait te voir immédiatement. Ce doit être important.

Je revêtis mon uniforme et Mu Shun me conduisit à la salle de lecture où se trouvait Zhang Lande. Mu Shun m'annonça et j'entrai dans la pièce. Je saluai mon supérieur en posant un genou à terre, le bout des doigts effleurant le sol, la tête courbée sur la poitrine. Il me fit relever et me demanda :

— Depuis combien d'années travailles-tu ici ?

— Depuis dix-huit ans, maître.

— Quel âge as-tu ?

— Trente-cinq ans.

— J'ai eu l'occasion d'apprécier ton honnêteté, ton courage et ta discipline. L'impératrice Longyu te tenait en grande estime pour toutes ces qualités. Alors voilà : je vais quitter la Cité Interdite pour m'installer dans ma résidence de Tianjin. J'ai besoin de gens tels que toi. Veux-tu venir avec moi et travailler à mon service ?

C'était donc cela que le Ciel avait décidé pour moi !

Je tombai à genoux et cependant qu'en silence je tentais de faire le tri dans les pensées qui se bousculaient en moi, mes lèvres murmurèrent :

— Je remercie mon maître de la confiance qu'il me témoigne. Il ne me saurait être de plus grande grâce que de mettre ma vie entière à son service.

Je lui débitai mécaniquement ces mots que dix-huit ans durant j'avais proférés, répétés, rabâchés et qui n'étaient plus que des formules d'usage ; elle parurent cependant lui procurer une vive satisfaction. Il sourit amplement.

— A la bonne heure ! Tu ne seras point malheureux avec moi, je te traiterai bien. Puisque nous sommes d'accord, tu peux déjà faire tes bagages. J'ai encore quelques personnes à voir avant de me mettre en route. Tiens-toi prêt à partir d'un jour à l'autre. Je te ferai prévenir au moment opportun.

— A vos ordres, maître.

Je le saluai une dernière fois et je m'en allai, étourdi par la brutalité de ce nouveau coup du destin. Je m'étais habitué à l'idée du monastère, et contrairement à la plupart de mes confrères, j'avais fini par penser pouvoir y trouver la paix. Une fois encore, le Ciel avait décidé de me la refuser.

Quelques jours plus tard, avec six autres de mes collègues que Zhang Lande avait sélectionnés, nous emménagions dans notre nouvelle demeure, le bâtiment 39 de la concession britannique de Tianjin, une grosse bâtisse élégante et cossue de deux étages de haut, et d'au moins cinq cents mètres carrés de surface. Son architecture était un étonnant mariage de style traditionnel chinois et de style occidental. Zhang Lande partageait le premier étage avec sa mère dame Dong, son fils adoptif Zhang Binru, ses petits-fils Jike et Jihe, sa petite-fille Suxia et ses trois femmes, car il était marié. Le rez-de-chaussée était occupé par le salon, la salle à manger, la bibliothèque et le fumoir à opium. Un vaste sous-sol faisait office de débarras et de garde-meuble. Dans la cour immense, plusieurs bâtiments de plain-pied abritaient le bureau du comptable, les logements des domestiques et les cuisines ; les femmes, servantes et nourrices, vivaient dans des constructions situées à l'arrière de la résidence pour être séparées des hommes.

Zhang Lande gouvernait sa maison d'une main de fer. Il nous était interdit de pénétrer dans sa demeure sans son ordre et de fréquenter les servantes. Lui seul détenait le trousseau des clés du portail d'entrée et des huis de sa maison, aussi était-il impossible à quiconque de sortir sans son autorisation. Il réglementait son propre quotidien avec autant de rigidité que le nôtre. Levé à l'aube, il commençait immuablement sa journée par douze bouffées d'opium. Jamais une de plus ni une de moins ; douze, soit six allongé sur le côté gauche et six sur le côté droit. Après, il sortait dans la cour et se mettait en train par quelques mouvements de gymnastique et de maniement d'épée. Il prenait ensuite son petit déjeuner, puis, à neuf heures, il s'installait dans le grand fauteuil de son salon et recevait son monde en audience ; membres de sa famille et domestiques défilaient les uns à la suite des autres, pour lui présenter leurs respects du matin et lui souhaiter une bonne journée. Lui distribuait les ordres. Son fils adoptif et ses petits-fils déjeunaient à sa table, mais ils devaient d'abord le regarder manger ; lorsqu'il avait fini, ils levaient leur bol vers lui avec beaucoup de respect.

— Grâces vous soient rendues, seigneur, pour la nourriture que vous nous offrez, disaient-ils en chœur.

Lors, il prenait ses baguettes pour leur distribuer ses reliefs, et à nouveau ils lui rendaient grâces. On aurait cru assister au repas de la vieille impératrice. C'était d'ailleurs un rôle d'empereur qu'il jouait chez lui, et il se faisait un point d'honneur à vivre selon les règles et usages de la maison impériale. Il consacrait ses après-midi à lire, à peindre ou à écouter les histoires des conteurs qu'il invitait chez lui ; l'un d'eux vint tous les après-midi de plus d'un mois entier pour lui raconter les *Contes merveilleux du studio Liao de Pu Songlin*, dont il raffolait. Adepte du taoïsme, il respectait le calendrier des fêtes religieuses qu'il passait en dévotions et récitations ; affublé d'une robe et d'un bonnet de taoïste, assis en posture de méditation, une épée rituelle entre les mains, il s'enfermait alors dans sa bibliothèque et on pouvait l'entendre lire les textes sacrés derrière sa porte. Telles étaient les journées de Zhang Lande, invariablement réglées. Pourtant, quelques mois après notre installation, un incident vint ébranler l'ordre de sa maison, en dépit de l'impérieuse vigilance qu'il employait à la régenter. Un matin, bien avant l'heure de son *audience*, nous fûmes tous convoqués dans son fumoir, signe d'une affaire urgente qui ne pouvait point attendre. En entrant dans la pièce, je compris à sa mine défaite et renfrognée qu'il n'allait point nous féliciter. Il se tenait raide dans son grand fauteuil, livide, les muscles du visage crispés, la bouche pincée dans un rictus mauvais, les sourcils froncés ; il nous perça les uns après les autres d'un regard inquisiteur, et lorsque ses yeux se posèrent sur moi, tout mon sang me tomba d'un coup dans les pieds. Je ne savais pas lequel d'entre nous avait fauté, mais en cet instant, je fus convaincu que c'était sur moi que la faute allait retomber. Enfin, lorsqu'il se tourna vers les gardiens de la porte d'entrée, j'osai à nouveau respirer.

— Avez-vous vu une femme de ma maison franchir le portail ?

— Non, seigneur, nous n'avons vu aucune des maîtresses sortir.

Le visage distordu par la fureur, Zhang Lande se redressa si violemment qu'il nous fit tous sursauter. De cadavérique qu'il était tout à l'heure, il vira au cramoisi, crachant et vociférant des salves de reproches, qu'il déchargea jusqu'à ce que le souffle lui manquât.

— Bande d'abrutis ! Vous n'avez rien vu ! Vous pensez que je suis là pour vous engraisser à ne rien faire comme des chiens que vous êtes ? Des chiens qui ne sont même pas fichus de garder ma porte convenablement ! Ils n'ont rien vu ! Et pendant ce temps-là, on entre et on sort de chez moi comme dans un bordeau ! Est-ce pour cela que je nourris des pleines cuisines d'esclaves, pour qu'ils ne voient rien ? Cela va changer, je vous le promets. Ma troisième femme s'est sauvée ce matin, et vous n'avez rien vu ! Alors voilà, je vous donne la journée pour la retrouver et me la ramener avant que l'affaire ne s'ébruite. J'ai déjà téléphoné au poste de police de la concession pour l'avertir de sa disparition et lancer un avis de recherche. J'ai dû promettre une forte récompense pour celui qui la ramènerait. Tout cela parce que vous n'avez rien vu ! Je vous conseille donc de la retrouver au plus vite ! Maintenant, fichez le camp, bande de chiens !

Nous le saluâmes, tremblants et inquiets, mais il reprit :

— Chunhe et Mu Shun, vous resterez pour garder la maison.

Lorsque tous nos collègues furent partis, je préparai une tasse de thé que Mu Shun alla poser sur un petit guéridon à côté du maître et nous nous retirâmes sans plus le déranger. A l'issue du premier jour, la concubine était toujours en fuite. Zhang Lande avait passé sa journée étendu sur son lit à fumer pipe d'opium sur pipe d'opium, sans manger, sans bouger, sans parler. A peine trempait-il ses lèvres dans un peu de thé, entre deux pipes. Au deuxième jour, il n'était toujours pas sorti de son fumoir. Le matin avait passé sans qu'il eût fait sa gymnastique habituelle. L'ordre de sa maison avait vacillé. Sa mère et son fils adoptif se relayaient auprès de lui pour tenter de le consoler et de le raisonner, mais il leur répondait par une seule phrase :

— Je la tuerai de mes propres mains sitôt qu'on me l'aura ramenée.

Je ne connaissais point la troisième épouse, mais pour connaître Zhang Lande, je souhaitais vivement pour elle que sa fuite eût abouti : il était fort capable d'exécuter sa sentence. Malheureusement, au deuxième jour de son escapade, un appel du poste de police britannique l'invita à venir la chercher. Elle avait été arrêtée. En raccrochant le téléphone, il eut un sourire mauvais qui lui déforma la figure, et dit en contemplant sa main ouverte :

— Elle va voir si elle peut m'échapper !

Il referma le poing d'un mouvement sec et brutal, comme un rapace referme ses serres autour de la proie qu'il va tuer. Lorsqu'il releva la tête vers moi, je lui trouvai un regard de fou.

— Va dire au chauffeur de sortir la voiture.

Mu Shun l'aida à se changer, et il réapparut vêtu d'une longue robe de satin bleu et d'une veste de satin noir, le chef coiffé d'une petite calotte assortie et surmontée d'un bouton de jade carré. Il s'engouffra à l'arrière du véhicule flanqué de ses deux gardes du corps ; le rêve de liberté de la petite concubine allait virer au cauchemar.

La voiture rentra deux heures plus tard. En entendant les portières claquer et le maître crier, nous nous précipitâmes dans la cour. Il la fit sortir en la tirant par les cheveux, et lui fit traverser la cour à grands coups de pied dans le dos. C'était la première fois que je la voyais de si près ; elle devait avoir une vingtaine d'années, petite et fine comme un roseau. Elle semblait si fragile et si vulnérable que chaque ruade qu'il lui assénait paraissait devoir la casser. Elle portait un pantalon de satin noir et une veste matelassée rose, tout fripés et crottés. Elle avait les cheveux défaits, emmêlés ; son maquillage avait coulé avec ses larmes, creusant de larges sillons sombres sur le fard de ses joues. Un violent coup de pied la fit trébucher et elle s'effondra sur le sol. Je vis alors qu'elle avait les mains ligotées dans le dos. Le visage contre la poussière, la chevelure en désordre, elle resta à sangloter par terre, puis Zhang Lande s'approcha d'elle et il lui balança un grand coup dans le côté gauche. Elle se mit à hurler, mais il cria plus fort qu'elle :

— Sale petite garce puante ! Putain ! Traînée ! Tu voulais te sauver, mais tu as vu jusqu'où tu as pu aller, catin !

Il lui flanqua un nouveau coup de pied, et apostropha ses deux gardes du corps :

— Emmenez-moi cette ordure dans la remise de derrière et enfermez-la. J'interdis à quiconque de lui apporter quoi que ce soit à boire ou à manger. C'est moi qui vais m'occuper d'elle.

Les deux gardes du corps, soucieux de plaire à leur maître, la relevèrent sans plus de ménagement qu'il n'en avait mis lui-même, et ils la traînèrent brutalement jusqu'à la remise au fond de la cour. Toujours en proie à la rage et à l'excitation, Zhang Lande nous bouscula pour rentrer dans sa maison. A côté de moi, le vieux Yuan, le chef des cuisines, poussa un long soupir en murmurant entre ses dents :

— Sauvage ! Si c'est pas malheureux de traiter une jeune femme de la sorte !

Je ne répondis point et il regagna sa cuisine en hochant la tête tristement. Je le suivis à quelques pas de distance et lorsque je fus assuré que personne ne pouvait nous entendre, je l'interpellai. Il se retourna en sursautant ; chacun de nous avait les nerfs à fleur de peau depuis ces derniers jours.

— C'est toi, Chunhe. Tu m'as fait peur. Qu'est-ce que tu veux ?

— Rien de spécial. Je suis simplement retourné par ce qui vient de se passer.

— C'est malheureux pour elle, mais qu'est-ce qu'on peut y faire ? Ce n'est pas nous qui pouvons la sauver, ni même l'aider. On peut juste assister au drame en spectateurs impuissants.

— Comment a-t-elle pu épouser Zhang Lande ?

La question me brûlait les lèvres depuis un certain temps. A l'intérieur de la Cité Interdite, je savais que certains eunuques avaient des femmes parmi les servantes du palais, et que les grands castrats, qui pouvaient sortir à leur guise, entretenaient les leurs dans les résidences personnelles qu'ils avaient en ville. Dans la Cité où nous étions tous enfermés, je pouvais encore le comprendre, mais j'imaginais moins bien qu'une femme qui ne fût point une servante du palais pût consentir à épouser un eunuque.

— Pourquoi me demandes-tu cela ? La vie privée du maître ne te regarde pas, dit Yuan d'un ton renfrogné.

Je regrettai aussitôt mon indiscrétion et je tentai tant bien que mal de me rattraper.

— Ce que je veux dire, c'est que je ne comprends pas pourquoi elle a tenté de se sauver, alors qu'elle mène ici une vie si luxueuse et si confortable.

Yuan me toisa d'un air dubitatif, puis il hocha la tête et ronchonna :

— Une vie confortable ! Penses-tu vraiment à ce que tu dis ? La pauvre était presque une enfant lorsque sa mère l'a vendue comme servante à la mère de Zhang. C'était une petite personne pétillante, pleine de vie, honnête et chaleureuse, et naturellement, il a voulu la prendre pour troisième concubine. Malgré sa répugnance, la petite a bien été obligée d'accepter ; on ne lui a guère demandé son avis. Seulement, le maître s'en est rapidement lassé. Elle était trop simple et trop droite. Pas de ces poupées qui ont appris dès leur plus jeune âge à minauder et à finasser. Il lui reproche de ne pas savoir parler, de ne pas savoir se tenir dans les banquets.

Ce n'est pas dans sa famille de pauvres paysans qu'on lui avait appris les belles manières ! Sa vie est tout bonnement infernale, d'autant que le maître a la manie...

Il baissa la voix en jetant un coup d'œil circulaire alentour, et me saisit par le bras.

— S'il venait à savoir que je te raconte tout cela, nous ne serions pas plus à envier qu'elle tout à l'heure. Tu dois me promettre de ne jamais en parler à personne.

— Vous pouvez me faire confiance, lui dis-je. Je connais suffisamment le maître pour savoir à quel point il faut être prudent. Je ne dirai rien à personne.

— Je sais bien que tu ne diras rien, c'est pour cela que je te fais confiance. Une de ses manies, donc, c'est de se servir de ses femmes comme d'un crachoir. Chaque fois qu'il se racle la gorge, il faut qu'elles viennent s'agenouiller devant lui la bouche ouverte, pour qu'il leur crache dedans, et qu'elles avalent le tout. La petite n'a jamais pu s'y faire. Il a eu beau la battre comme plâtre, elle n'a jamais voulu avaler sa morve. En fait de vie luxueuse et confortable, elle passait ses journées à être insultée ou maltraitée. Tu comprends maintenant pourquoi elle a voulu se sauver ? C'est bien triste, tout ça. Mieux vaut naître chien que naître dans une famille pauvre. Les chiens sont mieux traités que nous. Nous, nous n'avons personne pour nous défendre, pas même la justice.

Il poussa un long soupir de découragement, puis il me fit signe de partir.

— Assez discuté maintenant, retourne au travail. Il pourrait nous surprendre.

J'éprouvais une profonde compassion pour le triste sort de la troisième concubine, mais comme le disait Yuan le cuisinier, je n'étais qu'un spectateur impuissant. Le lendemain matin, alors que je rangeais le fumoir après le départ du maître, Mu Shun vint me rejoindre et me murmura à l'oreille :

— Il a tué la troisième concubine cette nuit.

J'en lâchai l'objet que je tenais à la main.

— Qu'est-ce que tu dis ?

— Il l'a tuée, cette nuit.

— Comment le sais-tu ?

— Tout à l'heure, alors que je lui préparais une pipe, sa mère est venue. Elle était très nerveuse. Elle lui a dit : « Je viens d'entendre que tu aurais tué ta troisième épouse. Est-ce vrai ? » Il lui a demandé : « Comment sais-tu ça ? » Elle a dit : « J'ai entendu la nourrice Li raconter qu'elle t'avait vu entrer dans la remise avec un fouet, vers minuit. Après, elle aurait entendu la concubine crier, hurler, supplier, et toi qui aurais frappé jusqu'à ce qu'elle se fût tue tout à fait. Tu l'as tuée, dis-moi ? » Le maître n'a rien répondu et elle a demandé : « Qu'as-tu fait du cadavre ? » Il a dit : « Je l'ai découpé en morceaux. En huit exactement, si tu veux tout savoir. Puis je les ai mis dans une valise et ce matin, j'ai demandé à Duan le Sixième d'aller la jeter dans la campagne, en dehors de la ville. » Sa mère s'est alors mise à pleurer en tremblant comme une feuille. « Pourquoi es-tu si cruel, qu'elle disait, pourquoi ? Quel mal t'avait-elle fait pour mériter que tu la tues ? Depuis sept ans qu'elle était chez nous, on n'avait rien à lui reprocher. – Mêle-toi de ce qui te regarde ! qu'il lui a dit d'un air mauvais. Moi, j'avais quelque chose à lui reprocher. Garder chez moi une garce qui avait essayé de ficher le camp, c'était ouvrir la porte à tous les dangers et laisser le chaos s'installer dans ma maison. La tranquillité est revenue maintenant, tu ne dois plus y penser. Remonte plutôt dans ta chambre, et repose-toi un peu ; tu en as besoin. » Là-dessus, il s'est mis à fumer et elle est repartie en pleurant.

Notre conversation fut interrompue par des bruits de pas dans le couloir. Mu Shun fila à l'autre bout de la pièce et je repris mon rangement tant bien que mal ; mes mains tremblaient. Zhang Lande entra, et je n'osai le regarder de peur qu'il ne lût en moi l'horreur mêlée de crainte qu'il m'inspirait. Les yeux baissés, je lui présentai le bol de thé qu'il avait coutume de prendre chaque matin après sa gymnastique.

— Je viens tout juste de le préparer à votre intention, seigneur.

— Pose-le sur le guéridon, me dit-il d'une voix sinistre, je le prendrai tout à l'heure. Je veux me reposer maintenant. Sortez tous les deux et laissez-moi tranquille.

Nous quittâmes le fumoir en fermant la porte sans bruit, et sortîmes de la résidence pour rejoindre nos quartiers.

Zhang Lande ne sortit point de chez lui pendant les deux semaines qui suivirent. Il refusait de voir quiconque et passait ses journées à tourner et à virer, nous cherchant querelle à tout propos, insultant et injuriant son entourage, sa mère et son fils compris. Il ne supportait plus la présence de ses petits-enfants, qu'il chassait rageusement du plus loin qu'il les apercevait, prétendant que le bruit qu'ils faisaient le dérangeait. L'ambiance était devenue insupportable ; nul n'osait plus l'approcher. Nous vivions constamment sous la terreur et la pression.

Un jour enfin, il accepta de recevoir son cousin Dong Mochen et son meilleur ami Fang Yulin, que sa mauvaise humeur inquiétait et qui s'étaient mis en tête de le distraire. Je leur servis le thé.

— Viens faire un tour avec nous, lui dirent-ils. Ça te changera les idées.

— Je n'ai aucune envie de sortir, répondit-il d'un air sombre.

— Allez, allez, insista son cousin. Tu ne vas pas t'enfermer chez toi jusqu'à la fin de tes jours. On est venus exprès pour passer un bon moment ensemble, tu ne peux pas nous refuser ça.

Dong Mochen se leva et il saisit son cousin par le bras pour le forcer à bouger, mais Zhang resta rivé à son fauteuil et il dégagea son bras en maugréant :

— Vous êtes pénibles ! Je n'ai aucune envie de sortir. Pour aller où ?

— Ah ! s'écria Fang, on y arrive ! Quand on te dit d'aller te promener, c'est une façon de parler. Ce qui importe, c'est moins la promenade que le but de la promenade ; une petite fleur d'amour toute fraîche éclose sur le pavé de la concession japonaise, telle que tu n'en as encore jamais cueilli. Viens seulement la humer, et tu verras que la prochaine fois, on n'aura pas besoin de venir te chercher pour que tu ailles la trouver. Allons, viens !

— Il n'y a pas moyen d'être tranquille avec vous deux ! soupira Zhang Lande en retrouvant le sourire. Je vais me changer, et j'arrive.

Il me fit signe de le suivre à l'étage, où je l'aidai à se changer. Un moment après, il redescendit vêtu d'une robe gris foncé et d'un chapeau de feutre marron ; sa canne à la main, il sortit, flanqué de ses deux compères, ragaillardi par la promesse d'une nouvelle conquête.

Cette rencontre marqua effectivement le début d'une période nouvelle dans la vie de Zhang Lande. Du jour au lendemain, d'abattu et de taciturne qu'il était, il recouvra, comme par enchantement, énergie et assurance. On le vit de plus en plus rarement ; il passait le plus clair de son temps dans la maison de prostitution de la concession japonaise où la belle Fang Jincui faisait commerce de ses charmes. Un soir, il rentra ivre mort et je dus le porter jusqu'à sa chambre, mais alors que je le déshabillais, une photo tomba de sa poche. Je la ramassai et, profitant de son inconscience, j'y jetai un coup d'œil : c'était lui en compagnie de sa fleur d'amour agenouillée à ses pieds. Elle avait un corps aux formes généreuses sans être gros pour autant, un visage arrondi, une peau blanche qui faisait ressortir le noir de ses yeux pétillants de malice, un petit nez fin et droit, planté assez haut, qui lui donnait de la noblesse et du caractère. Je contemplai un moment l'adorable créature, puis un ronflement de mon maître me fit sursauter, et je me hâtai de remettre le cliché dans la poche de son gilet.

Quelques jours plus tard, je rencontrai la jeune personne sur les lieux mêmes où elle officiait. C'était un après-midi ; mon maître m'avait appelé et, me désignant deux sacs posés sur une table, il m'avait demandé de les prendre et de le suivre. Je m'exécutai avec le plus grand plaisir ; l'occasion de quitter sa résidence était si rare que la moindre échappée me ravissait. Nous prîmes un pousse-pousse jusqu'à la concession japonaise et nous nous arrêtâmes devant une grosse bâtisse. Mon maître, tout en payant la course, me dit :

— Va frapper à la porte.

Je cognai quelques coups de heurtoir contre la porte, et une grosse femme apparut. Son visage bouffi, badigeonné d'une épaisse couche de maquillage, me fit l'effet d'une vieille citrouille que l'on eût poudrée. Zhang Lande ne m'avait rien dit de notre destination, mais la matrone était à elle seule plus parlante qu'une enseigne. Tout en elle suintait la maquerelle, son corps avachi, ses cheveux crêpés comme un nid d'oiseau, son œil chafouin et le sourire cupide qu'elle s'accrocha entre les bajoues sitôt qu'elle aperçut mon maître.

— Ah ! je me demandais qui ça pouvait bien être, entonna-t-elle d'une voix égrillarde qui se voulait flatteuse. C'est vous, seigneur Zhang ! Ce n'était pas la peine de frapper, vous savez bien que ma porte n'est pas fermée à clé et que pour vous, elle est toujours ouverte. Jincui me parlait justement de vous.

Tout en débitant ses calembredaines, elle ouvrit la porte, et, sans même lui répondre, mon maître envahit la demeure plus qu'il n'y entrât. Je lui emboîtai le pas, médusé de ce que je le voyais ici chez lui, en maître des lieux.

La grosse maquerelle trottina derrière lui en criaillant de sa voix de cane :

— Jincui, le seigneur Zhang est arrivé, descends vite l'accueillir ! Jincui !

Tout en continuant de brailler, elle grimpa un escalier en haut duquel apparut bientôt celle que je reconnus aussitôt.

— Seigneur Zhang, c'est vous !

Sa voix était un chant, comparée au nasillement de la maquerelle, mignarde et délicate avec ce rien d'affectation qui est autant de grâce. Une grâce dont la nature l'avait comblée, et de laquelle la technique moderne, je m'en apercevais maintenant que je la voyais en chair et en os, était impuissante à rendre compte : elle était mille fois plus belle que sur la photo. La main même des dieux semblait avoir paré. Ses yeux étaient de jais, ses lèvres de corail, ses dents de perle fine ; son visage était un bijou à lui tout seul. Elle leva vers Zhang Lande une moue délicieuse, qui arqua ses fins sourcils et retroussa légèrement son petit nez mutin. Sa courte veste d'intérieur rose tendre et son pantalon de soie assortie mettaient en valeur la sensualité de son corps. Deux petits chaussons de satin blanc brodés de roses pourpres enveloppaient ses pieds minuscules. Un trouble particulier m'envahit, car devant mes yeux brouillés par l'émotion, c'était une autre qu'elle que je voyais bouger, un autre visage qui me souriait. Yujie. Je dus faire un effort pour ne point courir vers elle et l'embrasser ; elle ressemblait tant à Yujie.

Elle descendit lentement l'escalier en tendant vers Zhang Lande ses mains blanches et fines, et l'entraîna vers une pièce latérale. Mon maître me fit signe de les suivre. Je posai sur une table les deux sacs dont j'étais chargé et, incapable de supporter plus longtemps la vue de celle qui me torturait, je m'empressai de dire à mon maître :

— Je vais vous attendre à l'extérieur, seigneur. Si vous avez besoin de moi, vous n'aurez qu'à m'appeler.

Il acquiesça d'un hochement de tête et je sortis comme un voleur pour me réfugier sous l'appentis de la maison. J'y restai un moment, le cœur abîmé en de sombres réflexions. Je ne sais combien de temps je passai assis sous l'auvent, mais en voyant les lumières s'allumer à l'intérieur de la maison, je réalisai seulement alors que la nuit était tombée. La vieille maquerelle sortit sur le pas de sa porte et me cria :

— Venez donc manger quelque chose !

Je m'empressai de la remercier ; je souhaitais rester seul, mais la voix de mon maître retentit à travers une fenêtre.

— Chunhe, va manger !

— A vos ordres, seigneur, dis-je à contrecœur.

La matrone me présenta deux plats et une cruche d'alcool tiède.

— Je ne bois pas, lui dis-je en repoussant le vin. Les plats suffiront, je vous remercie.

— Ah ! C'est rare, un homme qui ne boit pas, me dit-elle en ricanant un peu. Ça ne fait rien, je vais vous faire quelques raviolis à la place.

Elle sortit en dandinant son gros corps flasque à la manière d'une jeune coquette, et je piquai du nez dans mon bol. Elle revint peu après, les mains chargées d'un plat de raviolis tout fumants.

— Mangez pendant que c'est chaud, me dit-elle en posant une bouteille de vinaigre à côté de moi.

Puis elle quitta la pièce à mon grand soulagement, et me laissa dîner seul.

Lorsque j'eus terminé, je regagnai la cour et je fis quelques pas autour de la maison. Des éclats de rire et des petis cris aigus parvenaient de la chambre d'où mon maître avait parlé tout à l'heure. Je m'approchai sans bruit.

— Tu me rends fou, criait-il, tu me mets le feu au corps, tu vas voir si je t'attrape !

— Oui, oui, attrapez-moi, disait-elle entre une cascade de rire et un gloussement. J'aime tellement que vous me preniez dans vos gros bras.

De nouveaux rires jaillirent, entrecoupés de plaintes et de soupirs qui me mirent le corps en émoi. Ils se turent un moment, puis il reprit :

— Viens, j'ai envie de cracher.

En l'entendant se racler la gorge grassement, je me souvins de ce que m'avait raconté le cuisinier Yuan ; sans même réfléchir, je me glissai sous la fenêtre et, me mouillant un doigt de salive, je le passai sur le papier paraffiné tendu sur la croisée pour regarder à l'intérieur : Jincui était agenouillée devant Zhang Lande ; les deux mains posées sur les cuisses du seigneur, la tête rejetée en arrière, les yeux mi-clos, elle tendait vers lui ses lèvres entrouvertes. Il se pencha au-dessus d'elle et, la saisissant par les épaules, il approcha sa bouche de la sienne, pour cracher à l'intérieur un long filet glaireux. Je fus pris d'un haut-le-cœur, comme s'il avait craché dans ma propre bouche.

Il se redressa, hilare.

— C'est bien, mon petit trésor. Il n'est de crachoir plus doux que ta bouche parfumée.

Tout en minaudant, elle s'assit sur ses genoux et lui passa les bras autour du cou. Il glissa ses mains sous sa veste et la dévora de petits baisers qu'elle faisait mine de refuser.

— Je l'aime, ce petit trésor, soufflait-il, tout excité. Je ne peux plus me passer de lui. Qu'est-ce que tu m'as fait, petite ensorceleuse ? Tu m'as pris mon âme et je ne veux plus mourir qu'entre tes cuisses, quitte à devenir un gros démon après.

Il feignait de lui mordre le cou tout en poussant des grognements et elle se tortillait d'aise sous ses mains.

— Oui, dévorez-moi de baisers, mon démon d'amour, dévorez-moi jusqu'à ce que vous soyez rassasié.

— Je ne serai jamais rassasié de toi, mon trésor, jusqu'à ma mort.

Il déboutonna fébrilement sa veste et, faisant jaillir deux petits seins ronds et blancs comme le lait, il prit dans sa bouche ses sombres mamelons pour les sucer gloutonnement. Tout le corps me brûlait, j'avais la gorge sèche. Je passai le bout de ma langue sur mes lèvres, les yeux accrochés à la pointe de ses seins que les dents de mon maître mordillaient.

— Arrêtez ! faisait-elle semblant de protester, vous m'excitez. J'ai des frissons dans tout le corps.

Et lui qui continuait à lui dévorer les seins, le cou, les épaules, le ventre, et elle qui gémissait et se trémoussait, la bouche entrouverte, et moi qui les regardais, le nez collé au papier de la fenêtre, le souffle court, la peau énervée, les muscles noués.

— Attendez, susurra-t-elle en se dégageant un peu, je vais aller me changer, sinon mes vêtements vont être tout froissés.

— Je t'en achèterai d'autres, mon petit trésor. Tu n'as pas vu ceux que je t'ai amenés tout à l'heure ? Ils m'ont tout de même coûté mille taëls, mais si tu veux, je t'en ferai faire d'autres.

— Attendez quand même, insista-t-elle en se dégageant de son étreinte, je vais passer une robe d'intérieur. Vous verrez, ce sera plus pratique, et vous allez adorer, démon !

Du bout de l'index, elle lui chatouilla la pointe du nez avec une petite moue provocante, puis en roulant des hanches, elle passa dans la pièce d'à côté après lui avoir lancé une œillade prometteuse.

Elle réapparut quelques minutes plus tard, étincelante dans une robe rouge à large décolleté dévoilant généreusement sa gorge, dont un collier d'or rehaussait la blancheur. Elle s'arrêta un instant au milieu de la pièce, et dans un délicieux déhanchement, elle fit jaillir de la fente du fourreau une cuisse nue et fuselée, souple, sensuelle et palpitante.

— Ça ne vous plaît pas ? demanda-t-elle d'une petite voix boudeuse.

Pour toute réponse, Zhang Lande se jeta sur elle comme un loup ; il la souleva dans ses bras, puis, en l'embrassant sur tout le corps, il alla s'asseoir sur le bord du lit et l'installa sur ses genoux. Elle le prit doucement par la nuque pour lui plaquer le visage contre sa poitrine, et tandis qu'en haut sa bouche tétait avidement la pointe de ses seins, en bas, ses mains glissèrent sous sa robe et commencèrent à lui fourbir l'entrecuisse, lui arrachant de petits gémissements qui me lacérèrent l'échine de décharges électriques. Mon corps était comme paralysé ; paralysé et douloureux. J'avais la sensation d'être écorché vif ; le contact de mes vêtements semblait électriser mes nerfs affolés. J'étais brûlant de fièvre et de désir. J'entendis Zhang Lande murmurer :

— Je ne vais pas rentrer chez moi cette nuit.

La lumière s'éteignit brusquement et la chambre fut plongée dans le noir. J'entendis encore des gémissements, des halètements et des soupirs ; j'imaginais sans voir. Enfin, je m'arrachai à la fenêtre et je fis quelques pas dans la cour, les jambes molles et la tête bruissante de leurs cris. Mon maître passant la nuit ici, j'étais moi aussi condamné à rester. Je finis par m'endormir sur le perron.

Dans les semaines qui suivirent, la passion de Zhang Lande pour Jincui tourna à l'obsession. Il devint possessif, jaloux, soupçonneux, au point qu'il fit surveiller sa maison par ses deux gardes du corps pour s'assurer de sa fidélité en son absence. Des absences de plus en plus rares d'ailleurs, car il passait le plus clair de ses jours et la majorité de ses nuits chez elle. A la vérité, il était amoureux ; si amoureux qu'il se mit en tête de l'acheter à sa maquerelle et de l'épouser. Par souci des convenances, il chargea son cousin Dong Mochen et son ami Fang Yulin d'effectuer les tractations. Il se déclara disposé à débourser dix mille taëls d'argent, mais malgré l'importance de la somme, la maquerelle demanda deux jours de délai avant d'apporter sa réponse. Elle voulait en discuter avec Jincui.

Deux jours durant, Zhang Lande fut dans un état d'énervement abominable, et je bénis le Ciel que la vieille n'eût pas demandé quinze jours de réflexion. Enfin, le jour fatidique arriva et je fus chargé d'accompagner les deux intermédiaires, pour porter les présents indispensables à toute discussion. Après les politesses d'usage, la maquerelle prit une mine contrite, mais aussi surfaite que les larges sourires qu'elle nous avait dispensés jusqu'alors.

— Je suis vraiment confuse, mes seigneurs, commença-t-elle. J'aurais tellement aimé pouvoir vous satisfaire, mais avant-hier après votre départ, j'ai parlé de votre proposition à Jincui, et elle l'a fort mal prise. Je vous fais grâce des méchancetés qu'elle a pu me dire, mais pour ce qui est de sa réponse, c'est non. « Tu voudrais que j'aille m'enterrer avec une créature pareille ? qu'elle m'a dit. Alors que je suis à la fleur de ma jeunesse et de ma beauté ? Si encore c'était un homme, on pourrait envisager la chose, mais lui, qu'est-ce qu'il a entre les jambes sinon un trou ? Une fille comme moi, me marier avec un châtré ? » Pardonnez-moi, mes seigneurs, je ne fais que répéter. Tout ça, c'est elle qui l'a dit.

Elle mettait cependant un tel enthousiasme à se faire l'écho des propos de Jincui que j'imaginais difficilement qu'elle ne fût pas de connivence avec sa prostituée. Elle reprit :

— « Pourquoi penses-tu que je l'ai supporté jusqu'à présent ? qu'elle a continué, si ce n'est pour lui soutirer son argent ? Provisoirement, ça m'a amusée, mais tu ne crois pas qu'une fille comme moi va se satisfaire toute sa vie d'un qui n'a rien dans la culotte ? Je préférerais encore me passer une corde autour du cou et aller me pendre à la première branche que je trouverais. Je t'avertis que c'est ce que je ferai, si tu cherches à me vendre de force pour empocher son sale argent. Quitte à tomber dans les enfers des suicidés ! Quel plaisir j'aurais à vivre avec un diminué pareil ? Plutôt crever ! Sans parler de tous ceux qui se moqueraient de moi derrière mon dos, à se demander quelle tare je peux bien avoir pour m'acoquiner avec un qui n'en a pas. Je ne veux pas faire cette insulte à mes ancêtres ! » Si vous saviez tout ce qu'elle a pu me dire encore...

Elle essuya une larme d'un revers de manche et continua d'une voix pleurnicharde, après avoir reniflé quelques coups :

— Qu'est-ce que je pouvais faire ? Elle était comme une folle. Tâchez de me comprendre, mes seigneurs, je suis vraiment désolée de vous dire non, après tout ce que vous avez fait. Ce qui n'empêche pas que le seigneur Zhang sera toujours le bienvenu dans ma maison. Vous pouvez lui dire que s'il veut continuer à venir prendre du bon temps avec Jincui, le meilleur accueil lui sera toujours réservé.

Dong Mochen et Fang Yulin n'avaient point bronché depuis le début, ébahis et confondus par la tournure que prenait leur affaire. De mon côté, j'étais gêné d'avoir été le témoin d'une scène si humiliante à l'égard de mon maître, et je redoutais secrètement d'avoir à en supporter les conséquences. Après s'être regardés l'un et l'autre, visiblement dépassés par la situation, Dong Mochen conclut laconiquement :

— Bien, nous allons transmettre votre réponse au seigneur Zhang.

Le seigneur Zhang ne reçut pas la nouvelle avec autant de philosophie que ses deux compères.

— Putain de garce dégénérée ! hurla t-il. Un homme de mon statut s'abaisse devant une vulgaire traînée et c'est elle qui fait la fine bouche ! J'ai toujours mené ma vie sans un faux pas, et voilà qu'à mon âge je suis bafoué et humilié par une catin ! J'avais perdu la tête, j'étais aveugle. Aveuglé par cette putain de garce !

— On va t'en trouver une autre, plus jeune et plus belle qu'elle, dit Fang Yulin. Plus fraîche surtout. Et tu lui montreras si le seigneur Zhang ne peut pas prétendre épouser une jolie petite femme. Ne t'en fais pas, une belle fille est plus facile à trouver qu'un crapaud à trois pattes. Le diable si dans tout Tianjin, je n'arrive pas à en dénicher une qui te plaise vraiment. Laisse-moi m'en occuper. Avec moi, ça ne va pas traîner.

Effectivement, cela ne traîna pas. En quelques jours, Fang Yulin écuma les maisons de prostitution, et ce fut encore dans la concession japonaise qu'il dénicha la promise idéale. Zhang Lande approuva son choix et il faut admettre que c'était un bon choix : Zhang Xiaoxian, c'est ainsi qu'elle se nommait, était une jeune personne petite et fluette, de laquelle émanait une grande douceur. Fragilité faite femme, tout chez elle était petit et mignon, son petit corps, son petit visage, son petit nez, sa petite bouche. Elle n'avait de grand que les yeux, des yeux sombres ourlés de longs cils noirs ; pétillants mais sans malice ni affectation, spirituels et bienveillants. Elle se coiffait sans artifice, avec une simple frange sur le front, et s'habillait sans façon. Née dans une famille de paysans pauvres, elle avait perdu très tôt son père puis sa mère, et s'était retrouvée seule avec son petit frère, sans argent ni soutien. C'était pour lui épargner une vie de misère et lui permettre d'accéder à une éducation qu'elle n'avait jamais reçue qu'elle en était venue à se prostituer ; mais selon Fang Yulin, en dépit de cinq années passées dans un bordel à recevoir des clients à longueur de journée, elle avait conservé sa virginité, véritable tour de force qui témoignait d'une surprenante habileté et d'un caractère bien trempé. Soucieuse d'assurer une existence confortable à son petit frère, et désireuse d'échapper au monde des prostituées, elle envisagea la proposition de Zhang Lande avec lucidité. Devenir l'épouse d'un eunuque n'était certes pas le plus grand bonheur que pouvait espérer la jeune femme, mais ce ne pouvait être pire que le dégoût que lui inspiraient les débauchés qui la souillaient depuis des années de leurs caresses obscènes et de leurs baisers lascifs, quand ce n'était point de leurs injures et de leurs coups ; aussi, pour sortir de l'enfer, accepta-t-elle très simplement la demande de Zhang.

Il jubilait ; l'affront que lui avait infligé Fang Jincui était lavé. Et, pour lui prouver que la petite putain qu'elle était avait fait une grossière erreur en refusant d'épouser un grand seigneur tel que lui, il dépensa sans compter pour faire un mariage princier.

De larges estrades avaient été installées devant sa maison décorée de banderoles et de lampions, et durant les trois jours précédant les noces, les plus fameux acteurs de Pékin se succédèrent sur la scène, créant l'événement dans toute la ville. Ce furent trois jours de banquet, où le meilleur vin coula à flots et les mets les plus recherchés furent offerts à une foule d'invités. Le jour de ses accordailles, un faste digne des mariages princiers dans la Cité Interdite fut déployé. Plus de soixante porteurs en uniforme firent le défilé entre sa maison et celle de l'élue, chargés de malles et de coffres débordant d'étoffes précieuses, de bijoux, de fourrures, venus des plus prestigieux magasins de la capitale, et qui constituaient le trousseau de la mariée. Il avait loué le plus somptueux palanquin qu'il avait trouvé à Pékin, et le jour des noces, il donna consigne aux porteurs et au cortège des musiciens qui allèrent chercher la promise de ne point manquer de s'arrêter devant la maison de Fang Jincui pour lui jouer quelques airs de musique qu'elle ne manquerait pas d'apprécier. Une foule de nobles et de hauts mandarins en fonction ou à la retraite arrivèrent de Pékin ; les princes qui n'avaient pu se déplacer pour l'occasion avaient envoyé un délégué pour les représenter au banquet ; Zhang Lande allait d'une table à l'autre, offrant des toasts, riant et plaisantant, disant une petite phrase aux uns, un petit mot aux autres, mais le plus occupé de tous fut certainement le comptable chargé d'enregistrer la liste des cadeaux de mariage ; l'or, l'argent, le jade, les perles, les étoffes et les objets précieux se déversaient dans les coffres comme des trombes d'eau.

Vers minuit, Zhang Lande quitta ses convives pour aller rejoindre sa jeune épouse qui l'attendait dans la chambre nuptiale, et à partir de cette nuit-là, il ne fut plus jamais le même. Il devint gai, aimable, souriant, détendu, et la tension qui régnait dans sa maison s'en trouva relâchée pour autant, au grand bonheur de tous. Il ne jura bientôt plus que par sa nouvelle femme, jusqu'à lui confier la direction de sa maison et à ne plus rien décider sans son avis. Son arrivée fut une bénédiction pour tous, et le seul qui en prit ombrage fut le fils adoptif qui se vit d'un coup privé par son père de la plupart de ses prérogatives. Il tenta bien de la discréditer, mais en vain. Zhang Xiaoxian s'affirma une maîtresse de maison irréprochable et efficace, traitant chacun avec bienveillance et équité. Avant elle, c'était le fils adoptif qui fixait nos misérables appointements. Lorsqu'elle en eut connaissance, elle déclara que c'était trop peu, et nous augmenta considérablement, avec l'accord de Zhang Lande qui appouvait toutes ses décisions. Nous avions tous un profond respect pour elle et la mère de notre maître la considérait comme sa fille.

En 1922, l'année où sa mère mourut, Zhang Lande fit l'acquisition d'un grand terrain, toujours à Tianjin, et comme il envisageait d'y faire construire une nouvelle résidence, il me chargea d'aller acheter le bois pour la menuiserie dans la province de Jilin, au nord-est du pays. Après vingt-cinq années d'épreuves, le destin se décidait enfin à me sourire.

Chapitre 12

L'ironie du destin

Le train avait quitté Tianjin dans l'après-midi et je m'étais assoupi presque aussitôt. Je ne fus tiré de ma torpeur que lorsque les passagers de mon compartiment se préparèrent à aller déjeuner dans le wagon-restaurant. Je regardai par la fenêtre ; la nuit était tombée. J'avais faim, et je décidai moi aussi d'aller me restaurer. Je m'installai à une table et après avoir consulté le menu, je cherchai le serveur des yeux pour passer ma commande.

C'est là que je la vis, assise à une table en face, le visage tourné vers la fenêtre, qui regardait défiler le paysage sous la nuit. Je la fixai, médusé, et lorsqu'elle détourna la tête, nos regards se croisèrent. Il y eut dans ses yeux un éclair de surprise, d'émotion, et presque de panique, mais aussitôt elle baissa la tête et, pour se donner une contenance, elle prit sa petite cuiller et se mit à triturer des restes de nourriture dans son assiette. Sa main tremblait. Elle devait sentir que je la regardais toujours et mon insistance semblait la troubler. Je restai un moment sans pouvoir parler ni bouger, puis je l'appelai :

— Yujie !

Ma voix la fit sursauter, et elle lâcha sa cuiller. Puis

elle se ressaisit et, tournant vers moi un regard qui se voulait neutre, elle me dit froidement :

— Vous faites erreur, monsieur.

Lors, elle se leva et sortit précipitamment du wagon-restaurant. Je la regardai s'éloigner. Se pouvait-il que je me fusse trompé ? Elle était mise comme une paysanne mais sous sa veste bleue à fleurs blanches et son large pantalon noir, je reconnaissais la svelte silhouette de l'adolescente que j'avais aimée vingt-cinq ans auparavant. D'un bond, je quittai ma table. Il me fallait savoir, je devais lui parler ; mais je fis tous les compartiments sans la retrouver. Bouleversé par cette rencontre, je sortis m'aérer sur l'impériale de mon wagon ; les yeux fermés, étourdi par l'air frais et le sable qui me fouettaient le visage, je restai là, sans plus penser à rien, jusqu'à ce que le train ralentît et s'arrêtât à une toute petite station dont le nom m'était inconnu. Soudain, au milieu d'un groupe de voyageurs, je l'aperçus sur le quai. Je rentrai en trombe dans mon compartiment et, le temps d'empoigner ma valise, je descendis du wagon ; mais elle avait encore disparu. Je stationnai un moment sur le quai, hébété, et lorsque le train eut redémarré, je quittai la gare. Je louai une chambre dans la première auberge que je trouvai. En fait de chambre, c'était un vulgaire réduit sombre, sans autre ouverture que la porte, et qui dégageait d'abominables relents de rancissement et de saleté. Les couvertures étaient moites d'humidité, aussi passai-je la nuit étendu au-dessus, tout habillé, à me demander ce que je faisais là à courir après une femme dont je n'étais plus certain qu'elle fût celle que je croyais. Au petit matin, je finis enfin par trouver le sommeil.

A mon réveil, je quittai mon hôtel de fortune, décidé à écumer la bourgade à la recherche de celle pour qui j'étais venu. J'errai comme une âme en peine, des heures durant, traînant ma valise, à court d'idées, prêt à renoncer à ma folle entreprise, lorsque, au détour d'une rue, je la vis qui sortait d'une petite boutique, un ballot à la main, les cheveux enfouis sous un fichu. Elle ne me remarqua point, et j'eus tout le loisir de l'observer à la dérobée. Aucun doute. C'était elle ; c'était Yujie. Je fis quelques pas vers elle dans l'intention de l'aborder, puis je me ravisai, craignant qu'elle ne me réservât le même accueil que la veille. Lors, j'entrepris de la suivre. Elle s'arrêta bientôt devant la porte d'un marchand de galettes et tendit son ballot à un jeune homme qu'elle avait l'air de bien connaître. L'idée qu'il était son fils me traversa l'esprit. Je me dirigeai vers l'échoppe du cordonnier installé en face de la boutique et, en m'asseyant sur un petit tabouret bas, je lui demandai de changer la talonnette de mes souliers. Tout le temps qu'il s'affaira, je me mis à bavarder de choses et d'autres, et sans en avoir l'air, je le questionnai.

Il connaissait la femme sous le nom de Shen Yujie ; le marchand de galettes était son fils et s'appelait Xiaochun. Elle était propriétaire de la boutique et vivait dans une petite maison en dehors du bourg, dans la montagne. Shen Yujie... Seul le nom de famille différait ; elle avait pu en changer. Son fils avait plus de vingt ans, j'en conclus qu'elle s'était mariée tout de suite après notre séparation. Qui avait-elle épousé ? La sagesse m'ordonnait de reprendre le prochain train pour Jilin, de la laisser en paix et de tirer un trait définitif sur mon passé, mais le besoin de savoir me dévorait et, après avoir payé le cordonnier, je soulevai ma valise et j'entrai dans la boutique en face. Je commandai un plat de viande et une galette, et lorsque le serveur vint m'apporter ma commande, je lui demandai le nom de son patron. Ma question l'étonna, mais il me répondit cependant :

— Zhang Xiaochun.

Ainsi, le mari de Yujie se nommait Zhang. Leur fils devait lui ressembler, car j'avais beau chercher, je ne lui trouvai aucun trait commun avec sa mère.

Je mangeai sans avoir conscience de ce que j'avalais, torturé par les souvenirs de tout un pan de ma vie que je m'étais efforcé d'oublier, et qu'avait ravivés cette rencontre imprévue. En sortant de table, je vis le cordonnier qui fermait boutique et, sous le prétexte de vouloir rendre visite à un ami, dont on m'avait dit qu'il occupait l'une des petites maisons de la montagne, je le priai de me montrer le chemin.

Nous prîmes un petit sentier serpentant à travers bois, et le vieux cordonnier, qui avait passé sa vie sur cette terre, me fit l'historique de chaque arbre centenaire et de chaque rocaille que nous croisâmes. J'aurais voulu pouvoir lui dire de se taire, mais je l'écoutai d'une oreille distraite me raconter que tel tas de pierres était un vestige de sanctuaire bouddhique, ou que telle ruine avait été un temple très fréquenté par les pèlerins quelques centaines d'années plus tôt. Il était intarissable et je fis des efforts surhumains pour feindre de m'intéresser à ses histoires d'un autre temps, alors que j'étais seulement absorbé par la mienne. Il me semblait que nous marchions depuis des heures. En vingt-quatre années au service des grands de ce monde, je m'étais amolli. J'étais à bout de souffle et trempé de sueur, aussi, après avoir escaladé un versant digne de l'exil de la cour impériale, je m'affaissai sur le premier rocher que je trouvai. Le vieux me regarda d'un air soupçonneux.

— C'est qui que vous cherchez dans ce coin, exactement ?

Je n'avais pas imaginé qu'il me poserait la question, et comme je n'avais jamais brillé par ma vivacité d'esprit, je me contentai de le regarder d'un air contrit.

— Non point que je vous prenne pour un malhonnête, continua-t-il comme pour s'excuser de sa curiosité. Mais les familles de cette montagne, je les connais toutes. Il n'y en a pas plus d'une dizaine ; alors, si vous me disiez qui vous cherchez, je pourrais mieux vous aider.

— Vous avez déjà beaucoup fait pour moi, grand-père, et je suis confus de vous avoir donné tant de peine. En fait, je cherche la maison de Shen Yujie, qui est ma cousine. Nous ne nous sommes pas vus depuis plus de vingt ans, et c'est par hasard que je l'ai rencontrée tout à l'heure dans le bourg. Sur le coup, je n'ai pas osé l'aborder. Puis, j'ai trouvé dommage de partir sans l'avoir revue, et c'est ainsi que je vous ai demandé de m'accompagner. Vous la connaissez certainement.

— La connaître, ce serait beaucoup dire. Depuis vingt ans qu'elle habite ici, elle n'a jamais fréquenté personne. A part bonjour, bonsoir, on ne peut pas dire qu'elle soit bavarde. Elle vit toute seule avec son fils et ne reçoit jamais de visite.

— Et son mari ?

— On ne lui en a jamais vu, et elle-même n'en a jamais parlé.

Sans doute était-elle veuve, me dis-je en secret. Assuré de la trouver seule, je priai le vieillard de m'indiquer sa maison, et je pris congé de lui, non sans l'avoir remercié chaleureusement et forcé à accepter quelques taëls d'argent en dédommagement de sa peine.

Après une heure de marche à travers la forêt, j'abordai enfin une clairière en bordure de laquelle, ainsi que me l'avait indiqué le vieux cordonnier, je trouvai une humble maisonnette de bois. Si près du but, je sentis brusquement le courage m'abandonner et le doute s'emparer de moi. Quelle folie m'avait poussé à vouloir renouer avec le passé ? Etait-il nécessaire de réveiller tant de douleurs enfouies ? Qu'étais-je venu chercher et qu'espérais-je vingt-cinq ans après ? Malgré moi, je m'approchai de la maisonnette, à pas feutrés. Le soir était tombé ; par la fenêtre éclairée, je l'aperçus peignant ses cheveux devant un miroir posé sur la table. Je poussai la porte et j'entrai.

— Yujie, c'est moi, Chunhe, tu me reconnais ?

Elle était pâle comme une feuille de papier ; ses mains tremblaient si fort qu'elle posa le peigne sur la table. Elle murmura d'une voix blanchie par l'émotion :

— Qui ?

— Chunhe. Yu Chunhe.

Elle me regardait, pétrifiée. Je ne savais si elle allait rire ou pleurer, et, comme pour me justifier, je sortis de ma poche le bracelet qu'elle m'avait laissé en gage d'éternité, le soir de nos adieux, et qui ne m'avait pas quitté vingt-cinq ans durant. Elle le caressa quelques minutes en silence, puis je m'approchai d'elle pour lui prendre la main. Elle leva son visage vers moi ; elle pleurait. Je la pris dans mes bras, serrant son corps contre le mien, ma main caressant ses cheveux dénoués. Nous restâmes longtemps, une heure, deux heures peut-être, je ne saurais le dire, enlacés, sans parler, à pleurer ensemble.

Zhang Xiaochun nous trouva dans les bras l'un de l'autre. Nous ne l'avions pas entendu arriver. Gêné de nous surprendre, il fit un peu de bruit pour signaler sa présence ; Yujie s'écarta. Le jeune homme me toisa d'un regard dur et réprobateur. Je baissai les yeux comme un enfant coupable. Yujie essuya ses larmes et passa une main dans ses cheveux.

— Entre, mon fils, lui dit-elle. Tu te souviens de Yu Chunhe dont je t'ai si souvent parlé ? Je l'ai retrouvé aujourd'hui, plus de vingt ans après.

— C'est le fils de Zhang Changyou, me dit-elle ensuite en posant sa main sur l'épaule du jeune homme.

Tu te souviens ? Tu avais obtenu sa place chez maître Qing Fu.

— Le fils de Zhang Changyou ! Comment cela ? m'écriai-je sans comprendre.

Elle poussa un long soupir.

— Asseyez-vous tous les deux. C'est une longue histoire que j'ai à vous raconter...

Après avoir fui notre village, Yujie avait été rattrapée par Qing Deshun, à proximité du temple du Roi-Dragon. Il avait tenté de la violenter, mais elle s'était bien défendue et c'est pourquoi il était rentré chez son père défiguré. Cependant, après une lutte acharnée, il avait réussi à la ligoter, et il allait abuser d'elle, lorsque Zhang Changyou avait surgi de l'ombre pour la délivrer. C'était lui qui avait ficelé Qing Deshun au pied de l'autel. Imprudemment, Yujie lui avait révélé nos fiançailles, ainsi que notre intention de nous retrouver à Tianjin, sans penser que Qing Deshun allait bientôt être sauvé par deux pêcheurs. L'épouse de Zhang était morte ; il avait vendu leur fils aîné, incapable de le nourrir. Seul restait le plus jeune, un nouveau-né qu'il traînait avec lui dans son errance. L'enfant, privé de soins maternels et de lait, n'était déjà plus qu'un squelette, et Yujie, émue, avait proposé de l'élever comme son propre fils. Zhang Changyou avait accepté. Ainsi avait-elle servi de mère à Xiaochun.

Des heures plus tard, après que je leur eus moi-même raconté comment Qing Deshun s'était vengé de moi avec la complicité de Qian le Quatrième, Xiaochun prit nos mains dans les siennes.

— Toujours tu seras ma mère, dit-il à Yujie, avec de gros efforts pour dissimuler son émotion. Et vous, Yu Chunhe, je serais heureux de vous considérer comme mon père adoptif. Ce soir, notre famille est enfin rassemblée. Je vais descendre au village acheter quelques plats et un peu d'alcool pour fêter nos retrouvailles.

Xiaochun parti, nous restâmes un moment sans parler puis je lui posai enfin la question qui me tracassait :

— Yujie, l'autre jour, dans le train, tu as fait semblant de ne point me reconnaître. Est-ce que ce que je suis devenu te dégoûte ?

— Idiot, me dit-elle avec une petite moue qui n'avait point changé depuis toutes ces années. Si tu me dégoûtais, tu ne serais pas ici à cette heure. Mes sentiments sont toujours les mêmes. Jamais je n'ai trahi mes promesses. Je t'avais juré l'éternité...

Je ne la laissai point finir sa phrase ; comme vingt-cinq ans plus tôt, je la fis taire d'un baiser et, enfin sur ses lèvres, je goûtai l'éternité.

Achevé d'imprimer
sur les presses du

Groupe Horizon

Parc d'activités de la plaine de Jouques
200, avenue de Coulin
F - 13420 Gémenos

IMPRIM'VERT
Votre imprimeur agit pour l'environnement

Dépôt légal : septembre 1995